国家储备林 PPP 供给机制与模式

李宜强　著

中国财经出版传媒集团
中国财政经济出版社

图书在版编目（CIP）数据

国家储备林 PPP 供给机制与模式 / 李宜强著. --北京：中国财政经济出版社，2021.6

ISBN 978-7-5223-0583-7

Ⅰ.①国… Ⅱ.①李… Ⅲ.①木材保存-战略储备-研究-中国 Ⅳ.①F326.23

中国版本图书馆 CIP 数据核字（2021）第 112030 号

责任编辑：王晗青　　责任校对：胡永立

封面设计：王　颖　　责任印制：张　健

国家储备林 PPP 供给机制与模式

GUOJIA CHUBEILIN PPP GONGJI JIZHI YU MOSHI

中国财政经济出版社 出版

URL：http：//www.cfeph.cn

E-mail：cfeph@cfeph.cn

社址：北京市海淀区阜成路甲 28 号　邮政编码：100142

营销中心电话：010-88191522

天猫网店：中国财政经济出版社旗舰店

网址：https：//zgczjjcbs.tmall.com

北京财经印刷厂印装　各地新华书店经销

成品尺寸：170mm×230mm　16 开　9 印张　135 000 字

2021 年 12 月第 1 版　2021 年 12 月北京第 1 次印刷

定价：40.00 元

ISBN 978-7-5223-0583-7

（图书出现印装问题，本社负责调换，电话：010-88190548）

本社质量投诉电话：010-88190744

打击盗版举报热线：010-88191661　QQ：2242791300

目　录

第一章
国家储备林概述

一、国家储备林产生的背景

木材储备是继粮食、石油之后的第三个战略资源储备，是关系国家战略与国家安全的重要自然资源。根据我国森林资源清查（第八次）的数据，我国人均森林面积、人均森林蓄积分别为世界人均水平的1/4和1/7，资源人均数量较少，森林资源面临巨大压力。这是因为虽然我国拥有世界23%的人口和占世界7%的国土面积，但是森林蓄积却仅为世界的3%。据预测，2020年我国木材缺口将达2亿立方米。在国际上，86个国家和地区限制或禁止珍稀和大径级原木出口，严格限制交易的树种新增至220个。可见，完全依赖进口无法解决我国木材短缺的问题，国家必须从供给侧发力，以财政金融合力、创新投融资模式、技术进步等作为主要措施积极探索木材有效供给的可持续道路。

党中央、国务院高度重视木材安全问题，国务院有关领导作出一系列重要批示。2012年，我国开始探索国家储备林建设，2013年中央一号文件要求“加强全国木材战略储备基地建设”；2015年底，国家储备林试点地区达15个省区，投入财政资金共计18亿元，建设国家储备林近6666平方千米。2015年国家林业局《关于做好国家储备林建设工作的通知》《国家储备林制度方案》等相关文件相继发布，这标志着我国国家储备林建设工作已从试点走向全面建设阶段。近年来，国家林业局一直在探索、加强木材种植激励机制，从政策支持、制度建设、投融资机制创新、项目落地实施方面推动国家储备林项目的建设；国家林业局还将木材战略储备基地作为推进现代林业的重要工作，不断加强资源投入。2015 年国家林业局和财政部联合下发《关于做好国家储备林建设工作的通知》要求，通过发挥财政资金“四两拨千斤”的引领作用，引领社会资本、金融资本投入国家储备林建设；2016 年《国家储备林制度方案》提出要积极探索国家储备林供给的 PPP 道路；“加强国家储备林基地建设”在 2017 年 2 月由中央一号文件提出；同年 9 月“福建省南平市建设生态文明试验区——国家储备林质量精准提升工程项目”作为我国林业第一个 PPP 项目正式落地。截至 2017 年年底，我国国家储备林建设取得了一系列突破性的成就。

第一，试点地区成效显著。将 7 个省区（福建、江西、湖南、云南、广西、河南、广东）的国有林场作为国家储备林的主体，成为国家林业局于 2012 年启动的国家储备林项目试点。试点地区财政部门、发改部门和林业部门以及各大林企甚至大部分林农大力支持、密切配合，取得了显著成效。到 2017 年年底，共累计完成 3. 18 万平方千米的试点建设目标。同时，2014 年 1 万平方千米的国家储备林在南方 15 个省区正式划定。

第二，推动金融创新进步。为了有效缓解各个地区反映的国家储备林建设中出现的困难，如资金缺乏、难以融资、无法融资，探寻可持续的金融模式，推动国家储备林项目的快速推进，国家林业局在 2015 年 12 月与国家开发银行（以下简称国开行）签署战略合作协议，此协议规定贷款期限可达 30 年（含宽限期）；2016 年 6 月，国家林业局多次与中国农业发展银行（以下简称农发行）沟通、协商，最终确定，可通过农发行以政策性、开发性金融支持国家储备林项目，进一步丰富了可供市场选择的低成本、长周期的国家储备林金融产品。紧接着，广西成为“全国第一个吃螃蟹”的省份：利用开发性金融贷款在广西建设国家储备林项目。在广西取得一定成绩后，其他地区如河北、天津、福建、河南纷纷加快国家储备林的建设步伐。到 2018 年年底，获国家开发银行、中国农业发展银行批准授信的国家储备林项目及其配套项目共有 73 个，放贷达 276 亿元，与国家储备林密切相关（包括国家储备林项目在内）的重点林业项目有1566亿元贷款授信，国开行和农发行共发放了574亿元贷款。

第三，国家储备林建设朝着现代化经营的方向迈进。各地的国家储备林项目以高标准、高质量、高效益为目标，构建了林木培育、经营和管理体系，各地区还采取栽培模型设计与高效集约经营相结合、全面质量管理与系统工程管理相配套、契约式管理和激励等一整套新的生产管理方式和流程。同时，各地还综合运用先进装备、成熟现代的培育森林模式、高科技造林模式，使造林系统效率全面提升，管理水平也再上一个台阶，推动了国家储备林的建设。

《国家储备林建设规划（2018～2035年）》（以下简称《规划》）于2018年3月由国家林业与草原局正式印发，这标志着我国进一步加强了国家储备林的生态和经济基础的建设。

按照《规划》精神，国家储备林建设将重点选在广西、海南和北京等29个地区、新疆生产建设兵团、5个森工（林业）集团（内蒙古、吉林、龙江、长白山、大兴安岭）。总共包括1897个国有林场（局）、县（市、区、旗）与兵团团场。以上这些地区的共同特点有：地方特色鲜明、资源增长潜力大、自然条件优越、优良种苗充足。《规划》还提出，依据土壤环境、种植模式和树种培育按类培育的原则，可将国家储备林建设地区划分为7大区域，各个区域的发展重点和方向各有不同，以实现集约化、规模化种植。7大区域分别是：

第一是由北京、天津、河北（环京津部分）组成的京津冀地区。该地区主要发展杨树、刺槐等用材林（乡土树种），还可种植柳树和榆树；还重点发展大径级用材林（珍稀树种），如油松、落叶松、樟子松、侧柏，前两种树种均选择在年均降水量在600毫米左右、自然条件较为优越以及土壤肥沃的适宜地区种植。

第二是由重庆、四川、贵州、云南组成的西南适宜地区。该地区主要发展珍稀树种和大径级用材林，包括降香黄檀、桢楠、红椿、铁刀木。这些地区年均降水量在800毫米以上、立地位置好且自然条件较为优越。

第三是由福建、广东、广西、海南组成的东南沿海地区。这些地区位于亚热带，天气比较湿热，而且降水量在1200毫米以上，适合种植工业原料林基地，如桉树、杉类。此外，还可以因地制宜大力建设南亚热带、热带、发展周期长的珍稀树种和大径级用材林。

第四是由江苏南部、浙江、安徽南部、江西、湖北、湖南组成的长江中下游地区。这些地区雨水充沛、土壤肥沃，可重点建设中短周期用材林，包括竹类、欧美杨和松类、杉类；还可重点培育适地适树发展周期较长的珍稀树种和大径级用材林，如楠木、樟树、红豆杉与红椿。

第五是由安徽北部、山东、河南、河北（部分）组成的黄淮海地区。这些地区年均降水量多在600～800毫米，自然条件适宜树木生长，适合发展珍稀树种和大径级用材林，如栎类、榉树。也可重点培育浆纸和人造板工业原料林，如毛白杨、欧美杨。

第六是由山西、宁夏、陕西、青海、甘肃、新疆及新疆生产建设兵团组成的西北地区，可发展种植中短周期用材林，如杨树、榆树、落叶松、夏橡；还可重点种植珍稀树种和大径级用材林，如云杉、水曲柳。西北地区具有灌溉基础的绿洲适宜区域年均降水量在200～600毫米，总体看自然条件较为优越，以上树种十分适合在该区域种植。

第七是由东北三省、内蒙古及龙江、大兴安岭和长白山森工（林业）集团组成的东北地区，可重点建设珍稀树种和大径级用材林，包括红松、水曲柳；还可建设中短周期用材林，包括杨树、落叶松、樟子松等。以上树种适合选择在该区域年均降水量在400～600毫米、立地条件较好的适宜地区种植。

总体上看，以上7大区域建设20个国家储备林重点工程，包括粤桂琼沿海工程、武夷山中南部闽赣粤工程、粤桂湘黔武陵山雪峰山工程、湘鄂赣罗霄山工程、天目山苏浙皖赣工程、湘鄂洞庭洞平原工程、鄂渝川陕甘秦岭大巴山工程、湘粤赣南岭工程、渝川黔大娄山工程、滇黔桂云贵高原工程、滇西横断山脉工程、武夷山浙闽北部工程、鄂豫皖大别山工程、鄂豫伏牛山工程、京津冀工程、黄淮海工程、长白山老爷岭张广才岭工程、大小兴安岭工程、黄河中上游工程、新疆工程。由于国有林场具有丰富的种植树木经验（乡土树种、珍稀树种和大径级材）而且国有林场技术较为成熟，所以各地均将国有林场作为国家储备林的建设承载主体。

二、国家储备林的内涵、供给现状及存在的问题

（一）国家储备林的内涵

陈幸良（2014）认为，森林供给不能仅仅从“人类的资源”的角度来定义，而是森林生态系统与经济社会系统的交换，涉及经济、社会与生态多方面。Mcpherson（2013）提出，人工造林是那些具有经济与生态和社会价值的森林供给形式。国家储备林是指为增加我国林木储备，保障木材供给安全，以抚育及补植补造、现有林改培相关措施，通过人工林集约栽培，在自然条件适宜地区培育和营造珍稀和大径级用材林以及速生丰产的多功能森林（国家林业和草原局，2019）。国家储备林建设则是指为维护国家木材安全，通过政府推动、民间参与的形式，建设大片优良林木的公共项目（石敏，2015）。可见，国家储备林是森林、人工林的组成部分，具有良好的经济、生态与社会价值，国家储备林的建设需经过从种植、培育、伐木和使用等一系列环节，涉及政府、供给主体和消费者等利益相关者，是利益相关者相互博弈、探寻激励机制的过程。

（二）国家储备林的供给模式

从各个地方国家储备林建设情况看，主要采取三种模式：“公司+科研机构+地方政府+农户”的川南、川北模式；“新型林业产业链”的云南景谷模式；“企业+村组农户”的贵州天柱县模式。

1. 川南、川北模式

四川省国家储备林的划定工作于2015年完成。划定的储备林主要分布在川南、川北民族地区，共涉及全省10个市州21个县市区的60个承储主体。其中，国有林面积87.2万亩，占96.9%，集体林2.8万亩，占3.1%；

公益林面积 58.3 万亩，占 64.7%，商品林 31.7 万亩，占 35.3%；天然林 33.5 万亩，占 37.2%；人工林 56.5 万亩，占 62.8%。

（1）组织模式。构建了“公司 + 科研机构 + 地方政府 + 农户”的组织模式。在该组织模式中，企业是储备林供给的主导。企业一方面在上级政府的行政规制下与地方政府开展造林合作，另一方面与木材需求方进行交易价格谈判。农户和科研机构参与国家储备林建设，但处于较为被动的地位。

（2）科研机构与企业的合作。在川南、川北 PPP 项目中，四川省林业调查规划院提供基线调查以及如何选择项目实施地点；四川省社会科学院对国家储备林地区进行经济社会发展调查；报批、认证、登记、注册和文本准备这些服务，是由大自然保护协会北京山水自然保护中心提供的；四川省林业科学院负责造林的指导与咨询以及森林抚育技术。以上相关费用由企业支付。

（3）地方政府与农户的合作。地方政府在项目建设中主要负责如下工作：一是负责对林权人或农户的宣传、协调和管理工作，确保项目期内规划的造林地块无林权争议；二是督促林农按时按质按量完成项目的建设，并依据实施方案进行检查评估；三是监督项目期内如病虫害防治、护林防火等森林管护工作，保障造林的质量；四是协助验收检查工作，推动成效自查与负责各阶段的项目质量检查。在尊重农户意愿基础上，地方政府与农户之间是组织与参与关系。

2. 云南景谷模式

云南景谷傣族彝族自治县是云南省第二林业大县。该县林业用地占国土总面积的 79.2%，森林覆盖率达 74.7%，拥有林地面积 827 万亩和 894 万亩林业用地。景谷傣族彝族自治县人均拥有林地面积 30 亩和全县共有 4832 万立方米的活立木蓄积量，是全省重要的林板、林浆、林化基地。林分年净生长量 221 万立方米，森林资源年总消耗量为 153.73 万立方米。

（1）构建新型合作造林模式。为振兴边疆少数民族地区经济、合理永续利用森林资源，景谷县委、县人民政府立足实际，坚持生态建设和产业发展并举，确立了“生态立县、工业主导、以林为主”的发展战略，高度重视原料林基地建设，并视其为本县的“第一车间”，该县到 2016 年共建设成 166.6 万亩速生丰产人工林，构建起了“公司 + 农户 + 基地”以及“生态有利、林农有利、企业有利”的合作造林模式，不但促进了当地的生态改善，更是为企业生产提供了充足的原料保障。

（2）形成了上下游一体化的林业产业链。林业是景谷的特色主导产业和支柱产业。目前，景谷拥有省级龙头企业景谷林化有限公司、省内第一家林业上市企业云南景谷林业股份有限公司、国内第一家林浆纸一体化企业云南云景林纸股份有限公司、以木材为原料的76家中小型林业生产加工企业与三大林产工业龙头企业。国家储备林项目的落地，为上游的林企加工提供了原材料，形成了一条完整的林业产业链，降低了运输与交易成本。

3. 贵州天柱县模式

天柱县位于贵州省东部，清水江下游，属黔东南州，是一个典型的少数民族聚居的地区，全县少数民族人口占到总人口的98.3%，也是贵州十个重点林区县之一。20世纪80年代以来，由于各种原因，加上人口逐年增多，毁林开荒种田、重采轻造等因素，县森林资源逐年锐减。1991年全县荒山面积56万亩，约占全县林业用地面积的28.8%，森林蓄积量下降到225.9万立方米，可采伐量急剧下降，有的林区乡镇连群众烧柴都难以保证。2013年以来，天柱县开展了国家储备林项目建设，有力地促进了当地林业的发展以及生态环境的改善，全县森林覆盖率从1991年的255.9立方米增加到701.5万立方米。

（1）政策制度的支持。天柱县县委、县人民政府将国家储备林项目建设纳入干部绩效考核范围，并制定了相关《造林项目实施意见》《乡镇政府、县林业局和有关部门工作责任制》《资金使用管理报账制度》。这些制度出台后，由天柱县县委、县人民政府相关领导亲自挂帅督办制度的落地与监督。来自县委和县人民政府的强大支持与行政压力促使相关乡镇干部积极作为，为国家储备林的建设奠定了重要的领导支持与制度基础。

（2）积极创新合作机制。天柱县在实施国家储备林项目中，兼顾地方农民的利益，执行联合经营的造林模式：以县国有林场、县林工商公司为承建单位（承贷承还）+村组农户（出土地），利益按7∶3或6∶4的比例进行效益分成；造林土地合同由公司、林业局与当地的村、组签订；村组与农户协商落实土地，实现利益均衡合理分配。国家储备林项目虽然持续时间长，但上述模式成功地实现了国家储备林项目的顺利实施。

(3) 构建新型造林模式。天柱县将国家储备林造林项目交由县林工商公司承建，负责承贷还贷还与社会联合造林，利益按比例分成，执行公司 + 农户（出土地）的新型造林模式。这一模式不仅解决了企业的资源问题、转型问题以及可持续发展问题，还为解决县林工商公司职工和当地群众的收入问题与就业问题打下了坚实基础。2013 年，县林工商公司在石洞镇拍卖了一片联营造林青山，该项目属国家储备林项目，面积 525 亩，设计出材量 3075 立方米，总价 139.5 万元，每亩产值达 2657 元。按当年造林每亩投资 169.5 元计算，总投入 8.87 万元。扣除成本后该项林地交易的纯收入为 130.63 万元，按当初合同比例分成，该林工商公司受益 78.375 万元，而土地拥有方 136 户农户计 680 人受益 51.89 万元，户均收入 3816 元，人均收入 763 元。

（三）国家储备林建设存在的问题

1. 要完善国家储备林制度与管理制度

国家林业与草原局、财政部以及各地方政府高度重视将国家储备林建设放在各自的工作重点中进行考虑和安排。因此，国家储备林项目得到了国家财政资金的大量注入也获得了广大群众的支持。但是国家储备林制度缺乏规范性和系统性，出台的政策单一并且不符合地方实际。举例而言，目前中央的建设资金没有纳入中央预算和财政补助的正式项目，主要通过国家林业与草原局调剂解决；国家的规划没有顾及各省区的实际情况，仅仅提出了建设面积的目标，这从木材安全保障与保持木材的供需平衡考量是没有问题的。但各省区木材供需现状和供需结构异质性强、经济社会发展水平、自然条件和森林资源质量很不相同。国家储备林项目在各地具体的准入门槛、建设方向和量化指标均存在很多细节上的差异，包括储备规模、储备结构、储备形式。只有在尊重地方多元化前提下、政策和技术标准存在差异的情况下，方可确保项目实施的顺利和增强项目实施的可操作性。

在管理制度方面，一方面是由于国家项目管理办法还未出台，且对省级配套资金要求规定不明，虽然各省级领导对国家储备林建设高度重视，部分省还对省级配套资金有一定的规定，但项目的省级配套资金目前在大多数省份尚未落实。另一方面是国家储备林项目启动以来，投入了大量人力物力，但国家的补助资金中并没有规定省级可预留项目管理费的额度，许多项目工作因经费而无法展开。此外还缺乏明确的条例规定如何管护、合适采伐、采取何种采伐方式；国家储备林建成后的后续建设、采伐管理政策、轮换制度、保障机制与成效评估的措施都比较模糊。在这种情况下，部分地区出现只花国家投资自身不配套，不愿意将优良树木纳入国家储备林管理当中，这是国家储备林供给主体的激励机制不完善的具体体现。

2. **各级政府投入资金不足，缺少统一承贷平台**

从1997年到2013年，我国林业投资连续多年保持19%以上的增长。2015年中央资金投入林业超过1000亿元，如考虑生态功能区转移支付资金，总额达1600亿元，其中生态保护占90%，造林资金10%。但是，林业发展资金短缺、标准低、重点不突出的问题长期得不到解决。《2016年农业综合开发林业项目申报指南》要求，现有林改培投入标准并不低于1000元/亩，国家储备林建设项目人工造林投入标准不低于2000元/亩。但部分地区的国家储备林项目，已落实的财政补贴每亩不足200元。

国家储备林项目涉及各个省区的多个地市、多个县（市、区）、多个林场和多个国有企业，覆盖多个地区，建设主体多且分散。此外，部分省区的国家储备林项目的建设主体大部分是国有林场，但国有林场除了广西等部分地区外，经济实力不强、发展后劲不足，根本无法达到国家开发银行放款的条件与标准，各国有林场的资本金数量和信用等级更是偏弱。所以，要满足国家储备林建设主体的融资需求、获得国家开发银行贷款的首要任务是建立符合国家开发银行放款标准的承贷平台，目前这一方式在广西等地得到了运用和推广。

3. **项目建设主体筹资困难**

国家储备林营林周期很长，建设主体在营林期间面临市场、自然、社会等各方面的不确定因素影响，贷款时的担保和抵押问题难以解决，项目产品到期市值能否足够还贷也难以确定。林木生长周期长（5~10年）、特别是大径用材木的生长周期更长（可达30~50年），这种特征导致了匹配信贷产品的困难，因为必须有融资期限将长达十几年甚至几十年的金融产品与之相配套。但总体看，现有信贷产品利率较高、期限较短。国家储备林项目的融资期限甚至连政策性银行的常规信贷产品也鞭长莫及。这种情况导致融资成本增加、偿还期限错配、贷款与还款的时间脱节甚至无法顺利取得贷款的问题。

与一般的贷款项目相比，国家储备林项目资金投资收效慢（10～30年），同时，项目资金需求量巨大，另外在树木生长过程中现金流入量几乎为零。储备林项目经营主体面临着巨大的还款和经营压力。如前所述，林场等承建主体自筹资金能力偏弱、林业属弱势产业，部分地区只能“看菜吃饭”，即建设主体完成多少任务是看国家安排的资金的数量。从经济学角度看，承担国家木材安全的责任和义务是建立在自筹资金的基础之上，虽然存在着林业正的外部性，但这种机制明显不符合经济规律。可以说，在国家资金投入不足的情况下，要实现《规划》提出的目标，存在很大的难度。举例而言，2012～2016年国家安排给福建省9.2万公顷的国储林建设基地任务，但国家规划福建省储备林总任务高达117.5万公顷，该目标在短时间内难以达到。

4. **还款来源不够明确，担保资源有限**

国家开发银行将还款来源作为其预期偿债能力的重要指标，所以国家储备林项目的还款来源是非常重要的一方面。经济林和生态林是国家储备林建设项目的两大领域，但其项目自身的造血功能不强、收益机制不明晰以及现金流不稳定。这表明项目的现金流的正常循环就是个难题，可见还款来源就十分模糊，如何能达到国家开发银行的贷款条件？

在银行所需的担保资源领域，国家储备林项目贷款资源贫乏，资源不够丰富。林木所有权和林木使用权依然是储备林项目的主要抵押物。但其抵押的价值无法达到国家开发银行的标准，且林地位置比较偏远，交通不便，处置起来也存在诸多不便，其价值评估难以实施，所以无法作为贷款的抵押物。首先，南方部分林地尚未取得林权证，这是集体林权改革时期存在的技术障碍、法律问题等原因造成的必然结果，如林地经营权流转的租地合同较为普遍，这必然对林场场外租地融资造成极大的障碍。其次，部分地区现行的森林保险风险缓释效力低与产品保障水平低的情况并存。如广西实施“低保额、低保费、保成本”为原则的森林保险制度，实行1200元/公顷的商品林保险金额和7500元/公顷的公益林保险金额，低水平的保障水平无法保障林木资产价值。假设林木资产一旦出险，银行的损失是无法通过保险的赔偿金额来抵补的。所以，目前保险的保障水平无法达到国家开发银行对项目风险控制的标准。

三、研究的意义

国家高度重视国家储备林的多元化融资与建设。国家林业局多次和国家发改委商谈、沟通，并将国家储备林纳入国家政策文件之中：2016 年 11 月 21 日《关于运用政府和社会资本合作模式推进林业建设的指导意见》（发改农经〔2016〕2455 号）正式颁布实施，该文件提出要“运用政府和社会资本合作（PPP）模式推进林业建设”；2018 年 1 月 2 日《中共中央　国务院关于实施乡村振兴战略的意见》发布，提出要“深入推进集体林权、水利设施产权等领域改革，做好农村综合改革、农村改革试验区等工作”，“加快发展现代高效林业，实施兴林富民行动，推进森林生态标志产品建设工程。”此外，国家储备林建设规划（2018～2035 年）也提出了多元融资的思路，更是体现了国家对储备林的总体规划布局精神，是国家储备林建设的重要顶层规划。可见，从国家储备林 PPP 供给机制与实施研究具有重大的战略意义：

（一）有利于推动解决我国木材供需矛盾和木材安全问题

我国是全世界第一大木材进口国和第二大木材消耗国。近年来世界各地频繁出现保护森林资源的浪潮，人们越来越重视全球热带木材资源持续减少的问题。部分国家和组织非常关注我国进口木材的情况，并且态度十分敏感。此外，森林资源型产品如原木，在木材出口国也被进一步限制，国际上与林木有关的贸易摩擦不断增多。我国木材进口面临严峻形势，在这种情况下，只有降低木材对外依存度、从自给自足的角度出发，方能保障我国的木材供给安全。国家储备林制度则正是在这样的背景下产生的。但是，树木的成材需要较长的时间，短则 10 年，长则 30 年、50 年。单纯依靠国家投入或私人资本投资均无法满足相关的资金需求。如能充分发挥 PPP 在资金、管理方面的优势，国家储备林供给的质量和数量必能再上一个台阶。从 PPP 角度构建国家储备林供给模式，不仅是保障国家木材安全的重要途径，更是新形势下进一步加强民族团结、改善民生扩大内需的重要工作，对维护国家生态安全和木材安全具有重要的推动作用。

（二）有利于释放欠发达地区林改潜力、增加欠发达地区农民收入与维护民族团结

欠发达地区自然环境良好、资源储备丰富，经济发展有较大的提升空间。在发展过程中，既要金山银山更要兼顾绿水青山，生态保护与经济发展应当齐头并进。而国家储备林 PPP 模式客观上要求创新产权、管理机制、抵押政策。深入探索 PPP 模式中“林业大户 + 合作社 + 农户”等多种模式，研究如何深化改革激发林业发展活力，探索规模化、集约化经营。构建好定向培育原料林基地的运行机制和管理体制，大力加强林木采伐管理改革。激发金融机构发放林农贷款的积极性，如通过完善林权抵押贷款激励机制、深化林权抵押贷款改革。强化森林保险体系建设，推动森林保险风险监控和预警机制建立。完善林地使用权和集体林木所有权依法、有序、合理流转，推动林权交易市场发展建设，有利于化解林改后林地细碎化和农户独立经营困难，增加就业机会，促进农民增收，从而提升欠发达地区群众对国家与社会的认同感，进一步加强民族团结和社会的稳定。

（三）有利于形成立体多元、可持续发展的环境保护治理机制

PPP 模式强调共建参与、共享发展、改善民生，通过吸纳多种主体，形成全社会关注、积极参与国家储备林建设与发展的格局，推动环境保护、林木生长与社会良性互动、相得益彰的“树木—社会”生态互动机制的形成。生态林业是林业发展的未来趋势，通过 PPP 模式将林业生态项目与林业经济项目相结合，从区域林业经营以及经济发展现状出发，开展交通设施建设，构筑林业经济产业项目，从而确保林业产业获得更快、更好的发展。此外，通过林业经济与生态林业相结合，在项目中添加经营业务，将风险利益共担

的激励合同用于投资过程中，实现风险与剩余索取权的对称，这意味着要将一定的剩余索取权赋予项目公司，有利于生态保护与林业经济的发展并相得益彰。

（四）有利于推动现代林业的发展，进一步转变地方政府职能

通过加强国家储备林的PPP供给研究，从制度安排、管理绩效的角度进一步推动木材的生产与供给激励机制的形成，以最小的林地资源消耗、最小的生态代价，尽可能提升木材生产能力，进一步推动林业发展方式从数量、规模型向质量、效益型转变，从粗放经营型向集约经营型转变；人工林要逐渐发展壮大以取代天然林的采伐，南方集体林区要逐渐承担起北方国有林区的木材生产。如此的改革与转变，有利于实现我国林业建设经营战略方针的转型，有利于实现我国木材生产的质量和效益的提升目标。此外，在PPP模式下，项目公司负责项目的建设经营，而政府的主要职能是监督项目公司及项目整体的运作，实现管干分离，有利于进一步推动地方政府的职能转换。

第二章
相关文献综述与研究思路

一、新公共管理

（一）新公共管理在西方的兴起与发展

20世纪80年代开始，一种有别于传统的新治理理论与模式率先从英国、澳大利亚、美国与新西兰发展并在全球迅速展开，这个新的理论与模式对其他发达国家和发展中的各国的影响也十分深刻，是引领公共行政改革潮流的主导思想之一。这股思潮和思想吸纳了现代经济学的思维和理论，继承了管理主义的精神，有机结合了政府治理与市场机制，在政府部门中引入私人企业领域强调效率和结果的管理方式，通过互联网+等技术手段，各种经济理论与市场规则不断取代与政府有关的官僚制理论。

时至今日，统一的概念或一种具体的模式并不存在于新公共管理当中。从更宽的范围看，新公共管理试图取代传统公共行政、但又从本质上与传统官僚制度有所区别，新公共管理同时还指政府改革运动与政府管理的国际性方案，其基本特征是提供了一种新的管理主义途径，是对政府改革的总结和归纳。

胡德提出了新公共管理的概念。胡德比较了西方经合组织各国20世纪80年代的公共行政改革，一些相似之处被发现并有所总结，新公共管理一词在胡德的总结下被正式出现于学术界和公众的视野当中。胡德将新公共管理概括为五个特征：产出要注重绩效、清晰的责任边界、上下的分权、私人部门管理、市场机制加强竞争（胡德，2009）。从胡德对新公共管理理论的特征分析可看出，公共行政改革将原先的公共行政管理剥离，将政府效率的提高作为中心任务将市场机制纳入新公共管理之中。

休斯认为，虽然新公共管理的概念尚未形成统一的定义，但是它们存在共同的地方：第一，新公共管理颠覆了传统公共行政，更多地突出了管理者个人的个性；第二，灵活性在人事、组织、任期方面更多，摆脱了古典官僚制度的束缚；第三，要将组织量化，用指标测量人事目标，如此工作任务可由绩效指标进行全面的评估和绩效评价，也可全面评估计划方案；第四，掌握资源的管理人员并不总是政治中立的或者是无党派的，他们往往具有一定的政治色彩；第五，市场更有可能测试政府的职能，采取合同方式包出了工程；第六，政府职能将得到缩减，缩减的方式有市场测试、合同签订和民营化。以上的共同点都是从传统的过程管理转向了注重结果的应用（休斯，2009）。可见，私人部门具有的高效灵活以及灵活多样的组织已全面引入了政府管理之中，政府管理已经将市场化纳入其中，这个过程非常明显，政府不再直接提供公共物品的生产，而是间接提供与参与监督。

在总结西方新公共管理运动基础上，孙菲菲提出，新公共管理可从以下几个方面进行了概括，主要分为以下几点：强化了战略管理实践和负责人的战略角色；重心从执行规则转移到了实现既定目标，即从行政到管理的转移；集权的人事权向部门主管分权；工会的权力受到进一步限制，一致的工资结构被打破；战略计划和管理由核心部门掌握，独立机构负责政策的执行；财务控制更严格、改善财务管理，实行绩效工资；为实现目标与执行机构运作的紧密联系，采取评估与组织规划的方式；运作状况评估得到了加强；顾客服务的高标准和高质量；传统组织文化的变革；“心理契约”得以重建（孙菲菲，2013）。

宋雄伟认为，英国的新公共管理可以归结为经济、效率和效能，即3E。

3E 的核心观点如下：强调管理；注重绩效与效率；政府机构是使用者付费代理机构；通过准市场与合同外包培育市场；削减支出；突出合同期限、产出目标以及货币杠杆与自主性管理（宋雄伟，2016）。

在分析研究美国地方政府新公共管理改革之后，奥斯本和盖布勒提出了“企业型政府”是政府改革的方向的结论。他们提出了 10 大原则以推动政府改革：第一，政府把握方向、催化，但不直接参与；第二，社区通过授权而非服务拥有政府；第三，政府的竞争性：竞争机制要在服务的提供中体现；第四，政府不局限于因循守旧，还需要使命感；第五，政府要讲究效果：财政拨款的标准是效果；第六，政府受顾客需求驱使：第七，政府具有事业心：财政资金要高效使用；第八，政府要有前瞻性：强调事先预防以避免事后处理；第九，政府的分权：强调协调与协同以及参与，淡化等级制；第十，市场化导向政府：变革的力量是市场。以上十条就是新公共管理的内涵。

OECD 的成员国正尽力让它们的公共部门具有管理主义的性质。OECD 在对西方政府的改革进行研究后总结了新公共管理的核心内容：注重服务效率、效果和质量以及相关结果；分权的管理模式取代了传统的等级制和高度集权制；资源配置和服务决策在分权环境中更接近基层，对相关利益群体与顾客反馈提供更多路径；在成本—效益比基础上，考虑更好的方案，其中市场就是配置资源的方式替代政府的管制和政府的供给；关注政府部门提供服务的效率，如生产力目标的设定，竞争性机制引入公共部门组织内部；国家战略能力得以强化，促使国家对外界变化与不同利益作出灵活、低成本与自动的回应。OECD 成员国的行政活动不再由等级权威和法规来控制，主要通过私人部门生产供给的方法或者提高公共组织绩效的方式来供给公共物品和公共服务。

总结以上内容，可以看出西方的新公共管理理论有以下特征：（1）问题的处理需要通过理性方式来解决，战略管理应该在政策目标设定与政策议题的阐明中扮演重要作用；（2）组织结构重新设计，促使政策制定和执行分离，赋予某个行政单位以责任，负责服务的传输；（3）组织结构的变革、管理机制扁平化，管理人员有更多自主权，促使了绩效目标的实现；（4）组织成就的衡量是通过经济、效率和效能的标准，通过绩效指标来衡量；（5）现行政策被改变，公共组织从传统文化中解脱并成为新公共服务模式，与市场相适应、与企业价值相适应的文化得到了推崇；（6）采取人力资源管理的新理论和方法，强调个人主义路径而淡化集体主义色彩，持续变革的基础前提是员工支持与承诺；（7）公共组织被打造成为具有回应性、学习型和弹性的组织，公众是消费者和顾客，公共服务的目的是回应公众需求，不再是完全的专业供给者来支配；（8）原来的信托关系被契约关系所替代。

以上分析说明西方各国通过对政府公共行政改革正努力挣脱传统的束缚，公共管理中引入了私人部门的管理方式，新公共管理注重了效率问题，这与过去政府不关注效率形成了鲜明的对比。西方学者对新公共管理的深入研究，也带动了中国本土企业对新公共管理的研究与探索。中国学者关注的新公共管理仍处于初始阶段，尚未形成有本土特色的理论体系。目前，中国公共管理学者正结合本土文化与实践，探索本土实践与西方理论的有效结合，以推动中国政府改革提供新的路径。

（二）新公共管理理论在中国的实践与发展

对于新公共管理，陈振明将其内容归纳为：公共管理职业化、公共组织的管理专职化；业绩的衡量的目标与标准要明确；要实施战略管理和项目预算（对产出进行控制）；服务要积极回应（顾客第一）；公共服务机构的小型与分散（分散、多元化）；纳入竞争机制；采取企业管理方式；重构公众与管理者和政治家关系（陈振明，2007）。

新公共管理的改革动向在季明明看来呈现以下的趋势：第一，“民营化”在公共事务中的运用。具体做法有政府购买服务、公有民营、公私合作、服务外包、私有化、诱导转助等。第二，企业精神政府的构建。将顾客第一、突出绩效、创新管理、强调效率和鼓励竞争的理念与精神输入政府组织，通过再造一个精明能干高绩效的政府，从而激活公共管理组织。第三，社区主义的推行。政府信任度呈现了不断下降的趋势。政府市场和社区的定位在很多国家重新的定位，未来公共事务治理模式的关键因素是社区。第四，非政府组织的发展。为了从全能政府中获得解脱，很多国家政府将很多管理职能、权力返还了社会，很多非政府组织担当了填充政府供给缺口、调节社会需求的角色，担当了位于政府和企业之外的第三部门（季明明，2000）。

毛寿龙提出，企业化管理、市场竞争的加强和市场化导向，是新公共管理的涵义，概括而言就是政府管理中淡化韦伯式的官僚制度、应用私人企业的管理方式，行政绩效的改善是建立在监督的强化、责任制的应用、加强集权等方面。他强调西方国家通过以下方面的变革来进行治理：第一，政府与市场之间的关系虽然实践中政府的成分较多，但是无论是西方国家还是发展中国家或者是转轨国家，更多的市场、更小且高效的政府得到了认可，世界各国政府也将“小政府、大社会”作为目前和未来改革的指导原则；第二，在调整政府与市场关系方面的改革，如再造政府的运动，在美国得到了广泛应用；这些应用之所以在政府构建内部市场取得了较大的应用，是因为公共领域的开放、规制的放松，最终引入市场机制的结果；第三，进一步强化了信息技术在公共管理事务中的应用；第四，提高了政府政策制定能力并改善了政策执行的效率，政府政策执行部门自主权的改革得到了强化（毛寿龙，2017）。

金太军归纳了各国新公共管理运动的共同特征：第一，新公共管理重新定位了社会关系与政府的活动，各级政府部门公务员是企业管理与管理人员，并且是负责任的，而顾客则是社会公众，享受相应的服务；第二，政府公共服务和公共物品的产出和结果、效率与质量得到了极大的重视；第三，提出了绩效目标的管理而管制的放松；第四，政府招投标、外包合同等私人企业成功的竞争机制和管理方法在政府部门得到了运用；第五，要直面公共行政的政治倾向，文官与政务官之间既渗透也互动；第六，私有化部分公共部门；第七，管理的灵活性得到提升、人力资源管理地位十分重要（金太军，2012）。

新公共管理无论是在西方或是中国，其政府管理领域的具体名称十分多元化，但指导思想和基本主张是大同小异的。将市场竞争引入公共物品和服务的供给，采用企业管理技术和方法、通过绩效管理提高公共服务质量并提升公共管理水平，公共物品供给的多元化、结果的取得与效率的提高得到更多的重视。

二、公共物品理论

(一) 公共物品的概念及发展

公共物品的概念一直广受公共经济学以及管理学研究人员的关注。大卫·休谟曾在其1739年出版的《人性论》中分析如何处理超越个人利益的公共事务。大卫·休谟的主要观点如下：

首先，分析的对象是集体消费品，并不是私人产品私人服务的范畴；其次，人们重点关注自己、自己身边的人包括亲人朋友同事，可见利益支配着人们；再次，政府与公共利益之间关系可用公共草地积水的例子来解释；最后，大卫·休谟提出，政府可以解决个体无法达到的、为实现公共利益最大化需生产公共消费品的困境。

穆勒则从经济学的角度探讨公共物品的生产与维护：首先，政府应规定一些非生产性资源的使用；其次，公共基础设施的建设，如货币的发行、货币的锻造、道路的建设、海上灯塔的建设、陆地和海洋的管理与维护，也应该由政府承担，以增进公共利益；最后，为提升部分人能力的不足，政府也必须承担如免费的初等教育这样的特殊职能。

“俱乐部的经济理论”的创始者——布坎南则认为：公共产品的外延范畴十分广阔，不仅仅局限于纯的公共产品，也将公共性程度0～100%的其他部分商品与服务也包括了进来。那么，什么是纯的公共产品呢？消费者在对某种公共产品的消费和使用过程中，无论范围和力度有多大，这个公共产品的边际成本始终为零，甚至在扩大到全体成员时边际成本仍然是零，这类产品就是纯公共产品。布坎南因此将国防、立法、基础科学研究都归为纯公共产品。此外，若某种公共产品的边际成本随着消费品群体的扩大开始提高，假设达到了某种数量程度，这个公共产品的边际成本就非常高甚至是无尽高的时候，就能推定这种公共产品是准公共产品。如高校、动物园、高速路、桥梁、公共汽车以及公园都属于准公共产品范畴。斯蒂格利对公共物品的定义与上述学者相近，他认为：公共物品是增加一个人对其分享时，该物品成本并不会提高，但如果要排除某个人或部分人对其的分享，则会付出巨大成本。张国庆赞同斯蒂格利对公共物品的定义，他认为：公共物品的消费是共同的，其效用不能够在众多消费者之间分配分割，而且公共物品若能生产出来，个体消费者对其的消费并不会影响整个社会的利益和其他消费者的利益，这是公共物品与其他私人消费品的显著区别。比如，国防是政府建立的典型的公共物品，这样的防务体系是无法排出某个国家或地区内的居民享受该体系的保护，就算是罪犯也是如此。

在以上学者研究的基础上，萨缪尔森认为公共物品是个体消费并不导致其他人对该产品消费减少的产品。萨缪尔森认为公共物品具有以下特征：第一，消费的不可分割性和非排他性。这意味着公共物品难以排外，因此这是公共物品的主要特征。第二，非竞争性，这可以理解为增加消费者也不会导致其他消费者的消费减少。竞争性与非竞争性是相对而言，非竞争性是指消费者的数量不会影响产品的可得性，若一旦提供了非竞争性产品，增加一人消费的边际成本依然为零。从公共物品关联度方面，马斯格雷夫又进一步提出了新的解释："一种纯粹的公共物品在生产或供给的关联性上具有不可分割性，一旦提供给社会的某些成员，在排斥其他成员的消费上显示出不可能或无效。"可见，马斯格雷夫与萨缪尔森共同认为，非排他性、非竞争性和不可分割性是公共物品的三大特征，这随后成为经济学家们对公共物品的共识。

非排他性和非竞争性是公共物品的两大特征。在这两大特征的基础上，可将纯公共物品、准公共物品与私人物品作为具体类型来进行归类和管理。在现实中，私人物品纯公共物品没有非常清晰的界限，它们之间并非泾渭分明；纯公共物品的边界也十分模糊，在现实中也极为少见。大部分的公共物品主要以准公共物品的形式存在，可以由公共物品的使用者单独享受利益，也可以在使用者之间按照一定的机制划分利益；在供应上能够将不付款者排除在外，实现排他原则，同时还具有广泛的外部性。因此，经济学者又将准公共物品分为三类：A 类准公共物品，一般较为靠近纯公共物品，主要由政府提供；B 类准公共物品，可由政府与私人组织共同参与生产与提供；C 类准公共物品，主要通过私人组织生产供给，政府提供补贴。

根据以上关于公共物品理论的分析可见，国家储备林作为保证国家木材安全、生态平衡的重要自然资源，是实现社会经济、生态均衡发展的重要载体之一，其产品和服务特性决定了其是与规模经济相联系的公共池塘资源，是一种典型的准公共物品。

（二）公共物品供给机制

国家储备林是典型的准公共物品。因此，国家储备林的供给从本质上是关于公共物品融资、管理和监督的激励机制的安排，包括公共物品的生产和提供。公共物品的提供是指负担相应的成本和相关的资金，所以公共物品的提供者就是为公共物品提供资金的主体；而生产则主要是将投入变成产出的一个技术化过程。本书重点研究国家储备林供给机制，主要涉及国家储备林的提供与生产问题。因此，本书采用了“供给”的概念。有关“机制”，《古今汉语词典》的解释为“泛指一个工作系统的组织和部门之间的相互作用和方式”。即机制是一套结构化的规则，可以是人为的也可以是自然的。机制对外，有输入输出；对内，有信息有反馈。机制的作用在于限制和约束，以保证系统始终在控制范围内运转；而机制的绩效在于能否促进正面影响和减少或消除负面影响。

由上可见，公共物品的供给机制是指公共物品提供和生产的整个系统的结构化规则和激励机制安排。具体体现为投资者和消费者的偏好、项目融资、风险分担、生产和监督过程。具体过程可分为五个阶段：一是要明确公共物品的供给主体和利益相关者；二是要明确公共物品的经济学属性；三是要明确供给过程中的风险分担机制；四是要遵循收益对等的原则；五是对生产和供给进行监督。

（三）公共物品供给理论

对于公共物品的供给理论，学术界长期一致在政府供给或者市场供给天平的两端之间进行争论，但是目前总体趋向于向“公私合作”供给的方向转变。

1. 政府供给

典型的政府供给理论认为，公共物品的供给一直都是国家的责任，应该由国家投资、建设和经营。原因在于大部分公共物品特别是基础设施项目，由于投资周期长、收益低，私人部门不能也不愿意承担，存在着市场失灵。虽然由政府垄断经营是次优选择，但是唯一可供选择的方案。所以，福利经济学家认为，由于公共物品的排他性和非竞争性，大部分的公共物品必须由政府供给，私人部门没有提供公共物品的动力（庇古，1945；马歇尔，1955；萨缪尔森，1975）。奥尔森（1965）指出，公共物品存在极强的外部性和规模性，因此私人部门不能也不愿意承担公共物品的生产；卢现祥（2001）认为，公共物品的“共享性”决定了其不能保证供给者的利益，“外部性”和“搭便车”则造成了公共物品私人供给的不足，所以市场对公共物品的供给是不足的；陈志龙（2003）提出，公共物品的特征使得它更适合政府作为投资主体，资金来源于政府财政预算。

2. 市场供给理论

新制度经济学者和新古典经济学者对公共物品的政府供给提出了不同的看法，认为公共物品主要应由市场配置。对于本身难以克服的问题，则可以通过明晰产权的办法来解决，而“市场失灵”的原因在于政府的干预。科斯和德姆塞斯（1998）提出，在能够排除不付费者的情况下，私人企业可有效地供给公共物品；对于不同偏好的消费品，可以通过歧视性价格进行差别收费。戈尔丁（2002）认为，产品或服务采取何种供给方式取决于消费者偏好和技术的变动；普拉丹（2000）认为，公共支出首先应当用于私人部分无法或较少供给的市场部分，而不是仅仅简单地替代或有限地改进私人市场；盛洪（2005）认为，单依赖政府难以承担全部公共物品生产供给的重要责任，必须动员民间资本投资供给。

3. PPP供给理论

Public - Private - Partnership 即公私合作，缩写为 PPP。强调私人即 Private 和政府即 Public 合作，社会资本方通过特许经营的形式，从政府方面获得某项目的长期建设、经营权利。所以政府与社会资本方是“合作共赢”的全面伙伴关系。这种关系是基于产品和服务提供基础之上的，因此可以理解为伙伴关系。与单纯的私人或公共生产相比，PPP 能将政府与私人的优势发挥出来，形成 1+1>2 的结果，即 PPP 项目比单独行动的绩效更高。比如，企业投资风险减轻、政府的财政支出减少。目前，世界各国与各个组织尚未对 PPP 的定义形成共识，这与世界各国与各个组织的实践需求和文化差异、制度差异有紧密的联系。比如，美国 PPP 国家委员会认为，公私合作既具有外包特点也有私有化的特色，是两者皆具的一种融资工具。美国相关机构还认为，公私合作要求私人资本在过程中的全程参与，是项目全生命阶段的过程管理。加拿大的权威部门（PPP 国家委员会）提出，假设在公共部门和私人部门之前出现了项目合作关系，而且这种合作关系是存在共享利益、共担风险的，就可理解为公私合作。本书结合我国的国情、制度和实践，在以上两个观点和定义的基础上，提出了公私合作的内涵定义，本书认为公私合作应具有以下的特征中的一个：（1）项目产权要素。项目产权不仅仅是指所有权，更意指产权束，即还可包含收益权和经营权。产权经济学提出，将特许经营权授予私人部门，通过激励机制发挥积极作用，让私人部门为获得营利目标而改善管理方式、采用新的技术方法，最终提高公私合作项目的效率和水平。此外，将特许经营权授予私人部门运营，还能有效消除公共部门冗员与官僚制度。（2）融资要素。相关研究对 PPP 模式类型的调研展示，私人企业是否在项目中承担资金的引入、管理和风险处理，是公私合作模式与其他模式的一个重大区别。实践中，政府财政负担的减轻、基础设施建设进程的加快，无不与私人的参与和融资有直接关系。（3）风险分担要素。政府与私人企业是否在风险管理方面依据各自的禀赋进行风险管理也是公私合作与其他模式的区别之一。政府承担自身较强的风险，如政策与政治稳定，私人企业承担自身较有资源的风险，如市场风险和经营管理，这样就形成了很好的治理体系，加强对整个项目的风险控制还可有效地降低各自所承受的风险。所以 PPP 模式的内涵在本书可以界定为：在利益共享、风险共担的基础上，政府与私人企业采用合作、互利和风险共担的方式展开公私合作模式。在现实和实践当中，政府和相关公共机构充分利用私人资源更好地为公众提供服务和满足社会公共需求。具体实施领域和措施有：基础设施投融资、设计、建设和运营维护全部或部分工作。

当前，西方公共经济学理论关于准公共物品供给研究的重点在于找出一个合适的标准和方法，以科学界定公私部门有效供给物品和服务的范围，即把那些市场供给有效的交给市场，把市场供给无效的交给政府。在实践中采取公私合作混合供给模式。奥斯特罗姆（2002）明确提出要改变政府为垄断或者单中心的公共物品供给模式，建立政府、市场和社会三维空间下的多中心治理模式；卢洪友和吴俊培（2001）提出，单一的市场机制或单一的政府供给都会存在失灵，认为有效率的制度安排应当是按照收益范围的大小和排他成本的高低，建立公私混合供给制度，是解决公共物品供给效率的现实和理性选择。

三、利益相关者理论与相关分析方法

（一）利益相关者理论

利益相关者理论（Stakeholder Theory）的诞生与企业各利益相关者的协调关系需要关系十分紧密。Freeman 提倡企业或组织决策时应该考虑其他利益相关者的利益（Freeman，1984a）。三十多年来，利益相关者理论形成了较为完善的框架，理论发展分为三大阶段：

早期的“企业依存”论。股东的利益、其他利益相关者的利益均是考虑的范围，企业发展和其他利益相关者存在密切联系。这种观点奠定了利益相关者理论发展的基石（Ansoff，1968）。

处于第二阶段的“战略管理”理论。认为要鼓励利益相关者参与公司治理，不同利益相关者的意见应当得到应有的重视，这为公司治理吸取利益相关者的参与埋下了伏笔（Freeman，1984b）。

现今的“所有权分配”理论。认为利益相关者群体如果需要获得公司的索取权和参与公司治理就必须向公司投入专用资产，同时也必须承担必要的风险。可见该理论对利益相关者的界定更集中（Donaldson & Preston，1995）。

利益相关者理论如今已经突破了企业战略管理研究的领域，并且逐渐在公共政策领域得到了极大的应用，这些领域包括医疗卫生、交通规划、环境管理。目前，利益相关者理论体系的整体发展还有待提升，理论框架有待进一步成熟，但是作为融合了社会学、伦理学、管理学学科的交叉领域的理论，将是未来研究的重点和趋势。特别是，在国家储备林的应用研究中很少。近年来发表的相关文献缺乏基于实证案例的定量化分析，集中于关于利益相关者的基本概念和理论模型的研究。

具体而言，利益相关者理论分化为多个方向：（1）战略管理文献；（2）C. West Chuechman 和系统理论文献；（3）企业社会责任文献；（4）Eric Rhenman 和组织理论文献；（5）利益相关者理论的补充和修正；（6）纳西对斯堪的纳维亚半岛发展史的修正；（7）潜在观点补充；等。

在分析以上利益相关者相关方向的基础上，我们将聚焦于利益相关者在公共政策中的应用与实践研究以及利益相关者在国家储备林建设方面的相关研究。

（二）战略管理文献

20 世纪 70 年代利益相关者的概念在许多战略计划文献中出现。Tailor 认为，企业运行最终是为了达成利益相关者的需求，所以股东并不是唯一要满足的对象（Taylor，1971）。Haselhoff 探索分析了这一观点对企业目标制定的启示（Harsanyi，1977）。King 和 Cleland 提出一种分析项目管理中客户、索赔人或者利益相关者的方法（King & Cleland，1978）。Taylor 则总结了斯坦福研究院的最新研究进展（Taylor & Sparkes，1977）。Rothschild 使用利益相关者概念解释通用电气计划流程的开发（Rothschild，1976）。Hussey 和 Langham 阐述了一个组织和它的利益相关者环境模型，并用来分析管理在企业计划流程开发中扮演的重要作用（Hussey & Labgham，1978）。Derkinderen 和 Crum 在项目策略制定中使用了利益相关者的见解（Derkinderen & Crum，1979）。在 Heenan 和 Perlmutter 跨国公司组织发展的研究中，利益相关者概念也扮演了重要的角色（Heenan & Perlmutter，1979）。Davis 和 Freeman 将利益相关者理论引入战略计划文献中管理流程问题（Davis & Freeman，1978）。Mitroff 和 Emshoff 称之为战略假设分析的战略制定方法，该方法随后成为解决组织结构不良问题的方法。Mitroff 和 Emshoff（1979）通过以上文献回顾可以发现，利益相关者在管理者看来有着不同的假定，组织的决策制定有赖于深思熟虑分析各个利益相关者。

利益相关者分析必须建立在综合思考影响到重大决策和被决策影响的群体，这是与股东分析的不同点之所在。管理者必须思考政策中具有利益的利益集团和群体。这些群体还包括与企业有利益关系的方方面面，而不仅仅是股东。战略假设分析技术后来被应用于工业材料企业案例（Mitroff, Emshoff & Kilmann, 1979）。

William R. Dill 概括了被称为具有战略实力的公司三大挑战：一是不断变化的环境需要不断评估；二是恰当的对策与方案的确定；三是需要应对由个体和组织构成的活跃侵扰环境对企业战略决策的影响。利益相关者概念通过 Dill 的研究得到丰富与进一步的补充，影响和责任是他定义利益相关者关系的关键词。相关因素获得了双向定义：公司和利益相关者相互面对和需要。他还致力于解决公司决策中应该包含哪些重要利益相关者这一难题（Dill, 1958）。

其他存在于公司和利益相关者的多种类型的关系也是 Dill 描述的范围，如员工、原料供应商、产品分销商、客户、间接顾客、直接的顾客、学生、公众、研究人员和分析人士。以上利益相关者通过游行示威、用足投票和行政干预以干预企业的管理和商业项目推进。为应对以上利益相关者，Dill 还提出了解决方法，这些方法主要以交流和沟通为主。所以 Dill 的主要贡献是指出了战略决策中利益相关者可以是积极的参与者。

Dill 的利益相关者参与研究，成为战略管理对组织间关系研究日益重视的前兆，如合资企业和战略联盟（Barringer & Harrison, 2000）。与此同时，利益相关者概念还被应用于国际层面的战略计划研究。在总结一系列使管理变得困难的国际化力量和变革后，Ringbakk 建议，问题的关键并不是依赖正式计划系统或者是使用经验性管理技术，关键在于培养国际化的管理者，他们应该对环境极为敏感，并且理解跨国公司未来所要服务的来自不同国家的利益相关者（Ringbakk, 1976）。

到 20 世纪 70 年代后期，利益相关者概念在企业计划流程中出现。例如，Rothschild 所描述的战略计划先驱——通用电气计划流程（Rothschild,

1976)。此外，基于利益相关者方法还出现在其他一些战略性计划文章中。利益相关者概念被引入许多计划情景之中，Raymond 和 Greyser 认为艺术团体组织与营利性组织一样需要很好管理，并认为艺术组织的赞助人会将自身看作是他们所赞助组织的利益相关者（Raymond & Greyser，1978）。同样，O'Toole 抨击了美国处理企业—政府关系的方式——他们将利益相关者放在一个极端和非生产性的位置（O'Toole，1979）。

Wommack 在描绘董事会责任时说道，一个组织应该为企业和社会创造价值，也就是说企业目标应该满足利益相关者的期望（Wommack，1979）。Puccini 和 Marley - Clarke 考察了美国离岸资源管理区不同利益相关者之间的竞争性利益，他们开发出一个使这些竞争性群体利益最大化的模型，并建议沿海省份应该扮演将利益相关者影响合理化的仲裁者角色（Puccini & Marley - Clarke，1979）。

Keeley 提出绩效评价中应思考利益相关者的作用。利益相关者在他的定义中，是要求组织满足其多样化需求同时也向组织提供资源的人群。他还认为员工的绩效考核还应建立在其对利益相关者需求的满足程度之上，这也是企业管理要关注的事情（Keeley，1978）。

Slatter 声称，利益相关者分析——一种分析企业应对多种利益相关者期望的程序——已经从传统商业计划研究领域，向开发和保持企业在产品细分市场或者战略业务单元上竞争优势的研究领域扩展。这种发展毫无疑问是正确的，因为它能帮助企业聚焦于关键经济问题。一些公司对 20 世纪 60 年代末和 70 年代初提出的利益相关者概念只是口头上表示，很少把利益相关者分析摆在一个十分重要的位置，这很大程度是由于从分析中很难识别出实践中经济上的成功。Slatter 承认追求纯经济效益“正确”的观点是存在问题的。Slatter 还认为，由于利益相关者群体向公司均投入了资源当然也有威胁，那么公共关系的视角工具之一便应当是利益相关者（Slatter，1980）。

与此同时，部分文献将经济学与企业计划联系起来，他们发现微观经济学很少被明确应用于企业计划研究（Burton & Naylor，1980）。与拒绝利益相关者视角而追求纯经济利益不同，他们发展了一个战略搜寻的微观经济理论用于识别关键利益相关者并承认寻找互不相容的目标。

在 20 世纪 80 年代，随着现代社会的多元化和复杂性程度加深，组织要应对的利益相关者的需求就面临着更大压力。那些企业管理流程若是具有利益相关者导向，在处理相关问题时会更为有效率（Armstrong，1982）。

（三）系统理论文献

系统理论研究者重新关注了利益相关者分析，认为企业的问题不仅可以通过荣格心理学发展人格理论来解决，系统开发也是一项有力的工具，用于解决各类社科问题（Churchman，1968b；Ackoff，1970）。Ackoff 将利益相关者分析应用于实践与组织系统之中，采取再次设计系统中对利益相关者发生作用的基本制度来解决相关问题（Ackoff，1974b）。

利益相关者的观点在系统中和在战略管理中的使用是存在差异的。系统论的组织层面分析是不恰当的，问题应该通过综合来看待，而不是只是分解和聚焦。比如说整个利益相关者系统要了解股东低收益的问题，而不是只是从股东的层面进行分析，与低收益相关的利益相关者要得到分析。Ackoff 提出利益相关者应参与系统设计，系统性问题必须通过利益相关者群体的角度来分析（Ackoff，1974b）。

在系统思想的指导下，集体策略的路径是解决企业或组织的战略概念的可行方法，集体策略变成了组织理论的重要概念。单独为某个组织制定计划是不恰当的，从系统观看来，这个计划可能与大系统或者亚系统存在矛盾，从而影响整个系统的正常运行。组织计划的制定必须符合系统的总体目标。

这种情况有两种变异值得关注，第一种变异是笼络观（the co-optation view），组织与利益相关者为组织未来一起计划。由于组织和利益相关者希望在组织如何前进上达成共识忽视或延缓执行了更大系统的目标。第二种变异是一些利益相关者群体子集为各自的未来达成合作。

这些变异希望通过系统观来解决一般问题，这种系统观并不是一个出发点或者切入点，而是贯穿始终神圣地存在着。正因为如此，必须忍受不同利益相关者的诉求，并且制定相应的提升计划。但是构建包括公共设施、消费群体和其他利益相关者的系统模型，如果不是不可能，那也是十分困难的。强调参与的利益相关者系统模型是关于组织和社会实质的深远视图，有助于问题的解决，是利益相关者理论的运用趋势。

（四）企业社会责任文献

另一个对斯坦福研究院最初利益相关者概念研究予以关注的是很多私人企业社会责任研究人员。企业社会责任的研究太过多样，很难给出一个分类。企业社会责任的研究已经形成对组织变革产生重大影响的许多观点、概念和技术。20 世纪 60 年代和 20 世纪 70 年代，开始了对私人企业的社会责任的思考，相关的社会运动包括各类群体的权益保护运动、民生民权运动和反战运动。

有个独到的特点存在与企业社会责任文献之中，即过去被认为是与公司为敌的非传统型利益相关者，被利益相关者理论所关注、分析和解释。一般地，企业社会责任文献强调满足员工、社区和公众的意愿而不是满足资产所有者的利益。

这一时期出现了两大研究团体，并涌现出管理学科的一个分支领域，有人称之为商业与社会，有人则称为管理中的社会问题。伯克利管理学院的许多学者开始研究更为广泛的问题。Votaw 研究企业在欧洲的权力（Votaw，1964）。Epstein 开展了一项美国政治与商业的经典研究（Epstein，1969）。Sethi 则分析了公司中少数派的作用（Sethi，1970）。同期，哈佛商学院承担了一个关于企业社会责任的研究项目。该项目成果丰硕，其中尤为重要的是开发了一个社会责任实用模型，叫作企业社会响应模型，该模型实质上解决了社会问题调整，即企业如何具有先见之明地主动适应社会快速变化所带来的压力。通过将问题聚焦于反应而不是责任，哈佛研究人员得以将社会问题分析与战略和组织的传统研究联系起来（Acherman，1975；Acherman & Bauer，1976；Murray，1976）。当然，也由于他们避免将责任这一道德概念明晰化，分离谬误还在继续。

大部分利益相关者分析都属于一般层面分析，即使是将社会目标和企业传统目标相整合也不例外。Hargreaves 和 Dauman 将利益相关者审计改造为更一般性企业社会审计的一部分（Hargreaves & Dauman，1975）。社会审计以及由此引发的社会绩效文献的目的在于重新审视企业传统记分卡方式。社会审计试图构建一种资产负债表来分析公司行为的社会成本和收益。然而，由于方法论上的问题，导致社会损益平衡表的研究变得含糊不清，十分难懂。

除了这些考察企业社会责任的思想外，学者们发掘了大量更早的文献。Epstein 分析了美国政治中企业扮演的角色，认为企业不该让步于美国政治对于他们的限制，同时也认同联合政治参与应该受到信息披露和游说要求的管制（Epstein，1969）。Epstein 指出企业政治行为的研究者惊人地稀少，尽管类似选民和公众利益等概念早已存在于政治社会学文献，很少有人去认识和处理现代企业自身的复杂性问题（Epstein，1980）。

然而，对企业社会责任研究存在大量评论，评论的焦点在于究竟何为企业社会责任的内在本质？这一质疑似乎是想通过明晰概念来增加更多的商业政策研究。企业社会责任常常被视为正常企业的附加，经理们对这一术语的观察是企业要在自身能力的范围内承担其社会责任。某种差距在这一概念中被创造出来了，即在企业利润创造与利润支出会存在差距，这一差距在管理学术研究领域依然存在，它们被划为管理中的社会问题和企业政策和战略两个研究领域。

鉴于商业组织目前面临的由经济和社会政治力量所构成的动荡外部环境，需要一种理论范式对这些力量开展整合分析。抛开社会问题单纯思考经济影响，或者抛开经济问题单纯思考社会影响，在管理上和认知上都不能达到目的。

在组织研究的具有预见性研究中，社会和政治议题被企业社会责任所引入，只是将相关问题引入企业战略系统的方法没有被提到。

（五）组织理论文献

组织理论领域的学者很少采用利益相关者的定义，但是他们在研究过程中与这一概念存在紧密的联系。Rhenman 直接采用了利益相关者的概念，在其工业化民主分析中，他提出利益相关者可以代表如下的群体与个体，组织的目标依赖于他们，而他们的需求满足也依赖着组织；从该角度看，商业组织的利益相关者可以包括债权人、资产所有者、员工、供应商和客户（Rhenman，1968）。

可见，Rhenman 的利益相关者定义更为狭义，但与斯坦福研究院的研究相比十分接近。在他看来，利益相关者不是所有的人，而是所有对组织有要求、组织对他们也有要求的群体，而不是所有一切公司生存所必需的群体。利益相关者定义在 Rhenman 看来可以推导出工业民主。他对利益相关者概念的运用也与斯坦福研究院类似。此外，他对一般层面上的利益相关者或者作为特殊团体的利益相关者感兴趣。他用这一词指出了这一个事实：利益相关者和组织之间应当相互有需求。这个事实将对抗性群体排除了商业组织之外，因为商业组织并不依赖他们而成长，但他们依赖于商业组织。

同一时期的另外几位组织理论家则关注组织与环境关系的研究。20 世纪 60 年代早期，一些重要的理论模型被开发了出来，开放系统方法开展组织研究被广泛提倡，这种方法将组织放在更大的系统中去定义和考察。Emery 和 Trist 探索性分析了环境要素对组织的影响（Emery & Trist，1965）。Lawrence 和 lorsch 提出了一个分化和整合模型，由此将组织划分为更小的但愿用于应对特定的外部环境（Lawrence & Lorsch，1967）。

Aldrich 和 Pfeffer 回顾了组织与环境关系研究文献，提出了一些元概念框架用于理解该领域方兴未艾的研究（Aldrich & Pfeffer，1976）。Nystorm 和 Srarbuck 出版的论文集中包含一些理解组织与环境关系研究现状的文章，其中特别重要的是有关组织种群的概念及其演化、声称超越了组织集概念的网络分析以及对利益相关者的关注（Nystrom & Starbuck，1981）。Pennings 则分析了战略性依存组织的概念，提出了一系列战略帮助组织应对依赖所导致的不确定性（Pennings，1981）。该论文集中的其他文章，以及 Adams 和 Joyce 的两本论文集都是有关将利益相关者理论应用于战略管理的观点和思想。

James Thompson 有关组织的经典研究中，重新启用客户概念来表示外部群体，并使用任务环境概念。“我们正在与环境中的组织协作，在所考虑的问题上，环境将对组织产生影响”。毫无疑问，如能够影响组织的群体这一观点是利益相关者概念的基础。从战略立场出发，这一观点显得更为真切，因为战略管理主要就是管理组织与这些影响组织的群体的关系（Thompson，1967）。Mahon（1982）明确指出，如果纳入 Thompson 有关组织社会责任的观点，可以预期其隐含着利益相关者观点（Mahon，1982）。

Pfeffer 和 Salancik 构建了组织—环境的相互影响模型，他们通过文献综述，分析组织与为他们提供资源的环境进行交互作用的机理。利益相关者概念并未在研究中被直接引用，但是他们却提出了组织发展的根本在于效益，效益的源泉则是管理需要，特别是管理某些特别群体的需要，为满足他们的需要必须提供支持和组织资源供给（Pfeffer & Salancik，1978）。

他们进而主张一种激进的组织外部观，认为理论家应该将环境作为组织理论最为重要的解释力量。他们认为虽然很多人宣称要关注外部环境，却很少有理论家去发展理论以将环境纳入组织方程式。尽管在战略管理利益相关者研究文献中并没有相关参考文献，可他们对利益相关者的定义和斯坦福研究院接近，因为他们是通过资源与路径依赖的角度展开相关的研究。且我们也可以从此看出，组织理论与战略管理研究之间存在一定的隔阂。因此，组织理论研究并未开发出一个组织方向设定与实施的框架。战略理论、组织理论、系统理论和社会责任理论没有必然上的逻辑联系，但是却从伦理、思维方式、交易与创造价值方面为利益相关者研究奠定了深厚的基础，在这一方向上还缺乏相关研究与努力。

（六）利益相关者理论的补充和修正

对于利益相关者理论发展历史的补充和修正有很多。首先，Giles Slinger（1998）向我们陈述了一个略微不同又十分重要的利益相关者理论在斯组福研究院的发展史；其次，Juha Nasi 则告诉我们关于利益相关者理论在斯堪的纳维亚半岛的使用情况以及相关研究工作的不同历史（Nasi，1979）；最后，很多人如 Lee Preston、Melissa Scheling，指出利益相关者理论主要观点的思想史远比斯坦福研究院较近的相关研究工作丰富（Preston，1986；Schilling，2000）。我们将对以上情况展开逐一阐述。

1. 斯林格对斯坦福研究院发展史的修正

Giles Slinger 在剑桥大学的博士论文曾追溯利益相关者理念的起源（Slinger，1999）。Slinger 从如前所述的利益相关者的发展史开始，而后作出一些重要的补充和重新解释。首先，他重新构建斯坦福研究院人员之间的关系，这些人员与弗里曼著作所提及的相同。但是 Slinger 获得了利益相关者理念起源的更多细节，这是由于他能够查阅到斯坦福研究院的很多原始文件而弗里曼不能，他告诉我们“利益相关者”这个词是如何慢慢形成的。

其次，Slinger 通过人际关系的方法将利益相关者观点的早期发展联系起来。这些早期研究主要发生在伦敦的塔维斯托克研究所（Tavistock Institute）、美国缅因州贝塞尔的国家训练实验室（National Training Laboratoris）。拜昂（Bion）对参与和包容在群体工作中重要作用的研究，对煤炭开采中自组织工作群体的研究，以及其他很多经验研究（有时是心理分析）使得人际关系学说的早期成果在 20 世纪 60 年代被利益相关者理论家所了解。

塔维斯托克联结（Tavistock connection）是对弗里曼的一个重要补充，20 世纪 80 年代，Trist 是宾尼法尼亚大学沃顿商学院的一员，并且是早期沃顿研讨会的参与者之一，该研讨会尝试发现利益相关者与为利益相关者创造经济价值这一较新现象之间统计意义上的关系。斯林格认为，适合利益相关者理论的背景学科是心理学和社会心理学特别是群体理论，以及它们的交叉学科。商科固然重要，但它们建立在利益相关者可以被忽视和利益相关者关系不是商业基础的假设之上。他还认为弗里曼的利益相关者定义实际上是来源于斯坦福研究院的后期观点，并非初始定义，他提出企业目标明确的前提是公司利益相关者的信息需要获得与分析（利益相关者包括所有在公司经营中直接投入赌注的群体，如所有者、雇员和供应商）（Slinger，1999）。

刚开始的研究聚焦于公司达到其生存环境中利益相关者的期望的路径，因此并不探讨公司的发展。因此，利益相关者理论的初衷并不是用利益相关者的概念重新定义企业，而是帮助企业成功应对外部需求。简而言之，利益相关者理念的初始观点似乎与激励—贡献观较为一致。

2. 纳西对斯堪的纳维亚半岛发展史的修正

纳西叙述了一个略微不同的有关利益相关者引入斯堪的纳维亚半岛地区后的发展历史，特别是在芬兰和瑞典。纳西公正地认为某些著作对利益相关者理论的发展有推动作用，即便这些著作已经非常古老。他还指出虽然利益相关者理念在美国和世界其他地区可能已经边缘化，但是却在斯堪的纳维亚半岛产生了广泛影响。纳西通过回溯相关 Rhenman 著作来支撑这一观点。在这些著作中他们“明确概括了利益相关者方法和他们自己所提出的利益相关者理论”（Nasi，1995）。Rhenma 按下面的方式定义利益相关者（Rhenman，1964）：

那些既要依靠组织达成自身目标、组织也需要他们的贡献和资源的群体，可以理解为利益相关者。

十分有趣的是，这一利益相关者的初始定义可以被视为既包含了弗里曼的广义利益相关者定义，因为这里提到个体的成功依赖于许多其他群体；同时也包含了狭义的定义即公司生存的定义。

纳西还发现在这些早期斯堪的纳维亚理论家中，“交易”的概念扮演着比“利益”或“赌注”更重要的角色。纳西写道：

斯堪的纳维亚人更愿意谈论他们是如何为公司付出的，也乐于探讨如何得到公司的回报，而且喜欢强调回报与贡献之间的比例关系。他们所认为的贡献和回报有资金支持、地位认可、荣誉、信息供给、得到别人的崇拜和社会地位。所以，这是多元的（Nasi，1995）。

Bengt Stymne 十分支持该观点并在最新自传式散文中得到验证，写道：这一时期他们观察到：目标是组成公司的许多利益相关者之间交互过程的产物。贡献和回报在调试过程中，可以暂时形成一种非稳定平衡：某个利益相关者贡献是另个利益相关者的回报。就像醉汉从酒馆回家一样。公司在跌跌撞撞中寻求随时可能被打破的平衡。如果可以估算的话，公司的目标可以从该视角得以估算，它不是由管理者或者所有者设定的，而是一个为了生存的非稳定平衡（Stymne，2004）。

这段话实际上源于卡耐基学派的利益相关者研究以及他们关于诱因与贡献的观点。然而，“非稳定平衡”的观点十分有趣，因为它引起了我们第一章所讨论到的观点：平衡与企业家力量。组织创新的根本来源于利益相关者交互作用，在实质上使现代企业免受熊彼特所设想的官僚政治命运的迫害。

的确，在 1947 年的《管理行为》一书中西蒙将客户、雇员、供应商和企业家看作是行为理论基础激励—贡献模型中的组织参与者（赫伯特 · 西蒙，2013）。组织目标是这些群体而不是其中某一个的函数。Mach 和 Simon 的组织观和行为理论研究都是利益相关者理论的重要先驱。当然正如这些研究者所承认的那样，他们都归功于 Barnard。是 Barnard 不是他的卡耐基学派追随者更为准确地理解道德的中心性——也就是我们所称谓的资本主义伦理问题——至少对经理人是十分重要的。Barnard 曾预测到商业伦理现代观点的发展将扎根于利益相关者理论（Barnard，1938）。

经理人位置：（1）意味着复杂的道德问题；（2）要求更高的责任感；（3）在活动条件之下需要；（4）迫使一定量的一般或特殊技术能力作为道德力量；（5）倡导为他们创造道德。

作为持续合作基础的道德是多维度的，它来源于世界并在全世界扩展，它扎根于过去，面向无尽的未来。由于对外扩展，道德会变得更为复杂，产生更多更深的冲击，要求更高的能力，会失败得更惨。但是领导力的质量及其影响的持续性、相关组织的持久性、股东合作的权力等，都取决于道德激情的高度和道德基础的宽度（Barnard，1938）。

Barnard 在此清楚表述出价值创造和交易、资本主义伦理和管理思维模式问题。在我们看来，Barnard 确实为现代利益相关者理论的发展打下了坚实基础。

3. 潜在观点补充

许多学者认为，除了已知的还有很多学者可以被视为早期的利益相关者理论家。特别地，Preston 和 Sapienza 从斯坦福研究院和 Rhenman 回溯到有关强生公司和西尔斯公司的早期文档，来追踪利益相关者起源的潜在观点，他们认为：事实是过去几十年，利益相关者概念的本质，如果不是概念本身的话，已经在一些深思熟虑的分析师和经理人的演讲或作品中得到反映（Preston & Sapenza，1990）。一个经典的正式陈述来自 Dodd 引用并赞同通用电气经理将企业主要利益相关者群体划分为股东、雇员、客户和普通大众的观点，Dodd 的著名补充出现在他与 Berle 的争论中，Berle 是传统观点的捍卫者。20 多年后，Berle 承认 Dodd 一直是正确的，类似观点可参见 Rostow（Rostow，1959）。此后，强生列出了“严格的企业”利益相关者——客户、雇员、管理者和股东（管理者是一个新的重要补充）（Johnson，1947）。最终演化为著名的强生和强生“信条”。1950 年，西尔斯首席执行官——伍德（D. wood）列出了任何企业的四大部分是客户、雇员、社区和股东（Worthy，1984）。

Miller 沿着相同路线明确阐释了经理人的责任。他指出客户、供应商、股东、政府、社区、雇员和社会负责是经理人的权力的指向。这可能是不使用利益相关者概念、但最清晰地表述出现代利益相关者理论的一个例子（Millier，1991）。

Slinger 回溯到更早时期，企业视为社会制度的观点中找到部分利益相关者的概念，这一观点由 Robert Owen 和 John Ruskin 等提出（Slinger，1998）。他通过强调包容性，将这种观点与利益相关者的现代观点区分开来。他认为在 20 世纪 30 年代的基督教团体中并不将公司视为股东的独有财产，他特别提到了 Geoge Goyder 和 Samuel Courtauld 的工作。即股东仅是组织公司中很多群体的不同方式之一。Bowen 进而提出社会审计和公司责任的概念，他被认为企业社会责任理论的开创者之一（Bowen，1953）。

Slinger 和 Freeman 以及大部分人都忽视了玛丽·帕克·福莱特（Mary Parker Follet）所做的工作。在 Schilling 的重要论文中，她令人信服地证明，虽然巴纳德和后续卡耐基学派研究者的工作在利益相关者理论文献中得到很好的陈述，但是理论家却忽视了福莱特的观点（Schilling，2000）。她的个体与组织间关系的视角，是比巴纳德“经理人作用”视角更好的出发点。实际上，福莱特也可以看作是人际关系学派的创始人之一，她引发了 Lewin 的后续研究。

最后，Shah 和 Bhaskar 在最新研究中认为现代利益相关者理论的基本思想可以追溯到古老的印度经文。他们给出了一个令人信服的论证，即商业活动的本质——我们已经称为“价值创造和交易”——可以通过利益相关者概念来理解（Shah & Bhaskar，2008）。

（七）公共政策文献中的利益相关者理论

利益相关者理论往往通过严谨和精细的研究获得更多的关注和重视，但主要专注于管理利益相关者技术和规范性研究，探讨利益相关者规范领域、推动该领域时空边界的研究并不多。我们首先将利益相关者理论的规范性基础与这一领域内的一些基础研究联系起来，随后将讨论强调利益相关者分析用语和工具在公共政策过程中的用处。

在公共政策文献中利益相关者分析的历史和概念基础早就存在，利益群体的重要性在政策过程中已经被政策研究学者关注。此外，权力与利益层次因其可能对特定政策造成冲击，有必要展开相应的分类与描述（Brugha & Varvasovszky，2000）。因此，鉴于这一角度，人们可以看出，这些作者是如何理解散落在整个政策文献中的利益相关者分析的起源——包括关于权力结构的著作（精英主义、多元主义、马克思主义、社团主义、专业主义、技术统治论）、政策网络与社区方法、渐进主义以及政治映射。在此文献背景下，利益相关者分析成为一系列潜在的工具之一，用来思考组成的群体、权力以及为实现目标的管理。

围绕着利益相关者理论，Bryson 展开了持续性的讨论，讨论的议题是利益相关者分析技术的详细进展情况（Bryson，2004）。他叹息政策文献中利益相关者理论和利益相关者分析的相对缺乏，并鼓励进一步重视利益相关者理论及具体分析工具的发展。

Bryson 提出，易识别、具有话语权或者有权力的群体是应当被利益相关者理论所关注的，但是没有话语权或权利的组织、人群与人们也是该理论要研究的群体。

也就是说，他很快进入到更传统的领域，讨论利益相关者分析对于创造并维持“获胜联盟”重要性，并且会随着时间推移促进组织的成功。Bryson 提出，一方面组织需要注意利益相关者的信息和目标，另一方面要最低限度上必须满足关键利益相关者的期望。他还在公共部门组织使命的问题上保持公开的态度，但也的确谈论了利益相关者分析是在创造公共价值的广阔背景下，通过实现其特定任务来进行。

分析利益相关者相关性的思路以及提升公共部门管理过程的路径被提了出来，其中有一些目标的可行性的确定、达到目标的方法、如何让利益相关者满意、程序的正义性、合法合理性（Bryson，2004）。基于这些深刻见解，利益相关者分析系统的应用将带来公共部门更优的产出。Bryson 提出的公共部门中构成“利益相关者分析”的一系列具体技术总共有 15 项。他重申了这样研究的目的，随着时间推移观察期产生的变化，为达到更大目的性而采取的具体调整技术。他将政策分析作为一门重要的管理技术来看待，他特别重视利益相关者分析，认为这是现实中迫切需要引入解决问题的管理办法，同时也可理解为解决现实中某种管理束缚的替代方案。

Mason 和 Slack 为讨论公共政策的决策，采取利益相关者理论和相关分析模式，例如职业美式足球队休斯顿油人队搬到田纳西州的事件（Mason & Slack，1996）。他用以分析这一案例事件的关键性参照依据是，以相互作用机理为基础、将成分当做中心的方法。他的文章中提高了利益相关者分析的重要性地位、强调提升良好的政策管理力量，并将上述两点纳入公共政策分析中。在评估利益相关者理论的文献中，他认为采取利益相关者视角和原则、满足利益相关者的需求可从中长期实现组织目标。在彻底思考平衡利益相关者各种需要和要求的挑战，直到得出结论后，Friedman 和 Mason 认为，Freeman 的著作不够精炼，并采取了“四步”过程：第一，绘制一张核心利益相关者的初步示意图；第二，修改该示意图使其适应独特的背景环境和所涉及的利益相关者特殊性；第三，进行事件分析，以跟踪焦点利益相关者如何设法获得支持，并减少异议；第四，为因为随着时间的推移产生的情况改变，必须重新评估利益相关者和重要事件（Friedman & Mason，2005）。

Provan 和 Milward 运用利益相关者理论分析公共部门的组织网络（Provan & Milward，2001）。他们指出，如何考虑网络以及所涉及的多层次分析，给研究人员带来了重大挑战。同时他们认为，公共部门中这种网络内合作是一个重要的发展，值得关注。他们指出了一些挑战，并建议用三个维度对问题的解决程度进绩效行评估：社会、网络和组织参与者。他们采用代理理论和利益相关者群组分析技术，并在不同层次纳入有效性标准。他们详细检查各个层次，并讨论如何从分析层次、关键利益相关者群体和有效性措施三个方面，设计出这三个层次的各个层次。在评估中，他们指出跨层次分析工作的诸多困难，为解决某个层次上的主要问题而做的事情，可能在另一个层次被证明是失效的甚至适得其反。他们指出从个别组织的活动到网络，外部利益相关者的看法和态度会变成一个重大的挑战，因为该过程往往错过了与更大的网络及其活动的联系。尽管有这些困难，但他们仍坚信，对网络有效性进行这样的分析至关重要。

利益相关者理论的另一个值得注意的应用是它的作用方面，它被比喻成民主政治内的新政治秩序。虽然利益相关者理论并非旨在满足这样的应用，但是 Barnette 追随英国前首相布莱尔，讨论利益相关者理论作为一种思考方式的相关性，思考政治如何在民主社会中发挥作用，特别是深受“撒切尔主义”影响的现代英国（Barnett，1997）。对于 Barnette 而言，“利益共享制”提供了一个英国范围内看待民主的全新角度，即权力的分配与行使方式。利益相关者理论的相关性对于政治生活的启示是，机会是广泛分配的，并不排除任何一个群体或阶级；政策制定可以是积极良好的，且社会的真正财富比股市价值更加广泛；任何人都不应被排除到社会之外，下层阶级的穷人应该被容忍；需要制定发言权和政治参与的新形式，以建立一个更具包容的社会和政治结构；权力应被广泛地分享。

目前看来，尚未看到更多关注利益相关者理论规范性方面的文献。考虑到公共政策提出的目的性问题，特别是什么样的目标和谁的利益才是最重要的，因此这些问题或者被忽视或者被假定为要通过利益相关者参与模型来解决。与医疗保健一样，公共政策研究主要集中于利益相关者理论中出现的分析技术，研究人员已经做了一项新的工作、新的方法得以产生。

（八）利益相关者研究方法的分类

利益相关者研究中广泛应用了多维细分法和 Mitchell 评分法。本书对此进行介绍和分析：

1. 多维细分法

多维细分法是对利益相关者开展二元或多元划分，但划分必须在一定的分类原则前提下进行。其中以 Clarkson、Wheeler、Charkham 和 Carrol 的分类研究最具代表性。基于不同的角度，Clarkson 提出了两种分类原则：第一种方法将利益相关者分为主动型和被动型，分类的依据在于风险承担的方式；第二种方法得出重要利益相关者和次要利益相关者，并且分类依据是企业利益关系的密切度（Clarkson，1995）。依据社会属性的紧密强度，Wheeler 和 Sillanpaa 认为利益相关者可分为三级（Wheeler & Sillanpaa，1998）：一级社会利益相关者，此类利益相关者与企业存在着直接关系。二级社会利益相关者通过社会活动与企业存在间接联系。一级非社会利益相关者和二级非社会利益相关者，一级非社会利益相关者是指不与具体的人产生联系但是与企业有直接关系；二级非社会利益相关者是指既不与具体的人产生联系也不与企业有直接关系。Charkham 认为利益相关者的两大类型有公众型和契约型，利益相关者群体与企业合同关系的性质是该划分的依据（Charkham，1992）。多维细分法丰富了人们对利益相关者理论的理解，从不同角度对利益相关者进行细分，但是这些方法缺乏普适性，不利于利益相关者理论在不同环境背景下的具体实践。

2. Mitchell 评分法

在系统梳理了利益相关者理论的产生和发展过程基础上，Mitchell、Agle 和 Wood 提出了基于权力性、紧迫性和合法性三个属性进行划分的 Mitchell 评分法（Score based Approach）（Mitchell，Agle & Wood，1997）。

紧迫性（Urgency）是指管理层是不是可以迅速关注某组织的要求和获得利益相关者的关注；合法性（Legilimacy）是指某组织是否拥有法律上的索取权；权力性（Power）是指，实现目标的行动策略和能力，某组织是否拥有。通过将三个属性特征做不同组合，利益相关者可以分为以下类型：

确定型利益相关者（Definitive Stakeholder）。他们是同时拥有权力性和紧迫性以及合法性的利益相关者。他们还对组织目标的实现和企业的生存发展非常重要，管理层和其他利益相关者的密切关注他们的需求和行动时刻。

期望型利益相关者（Expectant Stakeholder）。他们具有权力性、合法性和紧迫性三个属性其中的两项。期望型利益相关者在不同属性组合的情况下，又可进一步分为三种类型：依存型利益相关者（Dependent Stakeholder），他们由于只拥有合法性和紧迫性，所以往往与其他利益相关者结成联盟以达到自己的目标；威胁型利益相关者（Dangerous Stakeholder），他们只具有合法性与紧迫性，因此一般通过采取极端行为以达到自己的目标；支配型利益相关者（Dominant Stakeholder），此类利益相关者由于拥有合法性和权力性，而且能定期参与组织的决策和管理，他们的要求往往容易得到领导层的重视。

潜在型利益相关者（Latent Stakeholder）则只具有一项属性。需求型利益相关者（Demanding Stakeholder）在缺乏权力性和合法性只拥有紧迫性的情况下，难以获得管理层和其他利益相关者的关注。蛰伏型利益相关者（Dormant Stakeholder）具有权力性并且在威胁使用权力或使用权力时会得到更多的关注；休眠型利益相关者（Discretionary Stakeholder）的作用会随着组织的发展和周边环境的变化而变化，缺乏权力性和紧迫性。

Mitchell 评分法有利于利益相关者理论在实践中的具体操作，将利益相关者的界定与分类相结合特别受到学术界的重视。Heidrich 借鉴了 Mitchell 评分法，在分类模型中增加了未来影响性和重要性，动态地分析工业废弃物管理系统中利益相关者关系（Heidrich，Harvey & Tollin，2009）。Stanghellin 也是在 Mitchell 评分法的基础上，对水管理开展了利益相关者的分析，他的创新之处在于在分类模型中增加了邻近度（Proximity）（Stanghellini，2010）。Friedman 和 Mason 在财政补贴公用体育设施研究的基础上提出，要推动管理者和利益相关者之间有限资源的合理分配，Mitchell 评分法有比较理想的手段（Friedman & Mason，2005）。

Varvasovszky 和 Brugha 认为，利益相关者的属性“被影响性”（Impact of Issue）十分重要（Varvasovszky & Brugha，2000）。我们研究的国家储备林，属于公共物品。因此，“被影响性”十分适合我们的此项研究。因为，国家储备林的利益相关者必须放在公共政策分析的背景下展开。通过借鉴 Mitchell 评分法，我们添加了“被影响性”，以考察国家储备林受公共政策的影响程度。

（九）利益相关者的冲突分析

分析利益相关者矛盾冲突的工具较多，Interest-influence Matrix 是具有较大影响力的工具之一。Interest-influence Matrix 翻译为中文即是“利益—影响”矩阵。“利益—影响”矩阵有助于确保政策发展和执行的可持续性，从而协调利益相关者之间的关系。在利益相关者权力高低与利益需求大小的基础上，确定他们在组织活动、管理决策的地位从而确定其参与方式。利益可以理解为焦点利益相关者对某项目的权益的索取和对项目其他人的索取，这些索取是合情合理合法的。项目中的焦点个体或者群体影响其他利益相关者决策的手段、能力和资源，或者是影响某特定问题的发展则可定义为“影响”。利益相关者的影响程度和利益大小两两搭配，组成了四种不同参与类型。

关键参与者（Key Player）具有高影响力和高利益需求。这类利益相关者的参与对管理目标的实现和政策发展方向至关重要，也会积极地参与管理决策。服从型参与者（Subject）在矩阵中拥有低影响力和高利益需求，这类利益相关者群体一般通过与其他利益相关者“结盟”，从而达到自己的目标。背景型利益相关者（Context Setter）需要对他们进行观察，防范他们有可能带来的风险，毕竟此类利益相关者虽然不直接参与决策、利益需求低但影响力高。群众型参与者（Crowd）的特征是利益需求低、影响力也不高，他们几乎不参与组织的决策和管理，也无须对他们分配过多的资源。

随着时间的延续，利益相关者的利益和影响将可能有所变化，利益相关者之间也会通过“联盟”的形式以抵制或者推动某些政策和达成组织目标，作为利益相关者矛盾冲突分析的有效工具，“利益—影响”矩阵还可以从动态的角度考察项目（组织）的利益相关者的动态。利益相关者将来可能有联合可能性、策略改变影响因素都是我们对利益相关者采取“利益—影响”矩阵分析时应考虑的因素。

四、集体林权理论研究

（一）集体林权改革的历史沿革

从历史来看，中国的集体林权改革可以分为两轮：

1981～1986 的第一轮改革——“林业三定”改革。1981 年，国家制定了“林业三定”政策；1985 年，国家放开了木材市场，在这之前，全国的木材都是统购统销的。但是，这次集体林权改革也似乎造成了一些问题，其中非常突出的一项是大规模的砍伐森林。1985 年，中国的木材产量陡增，达到了新中国成立以来的高峰。到了 1987 年，随着中央 20 号文件的出台，本轮林权改革基本停止。此后，尚未“分林到户”的集体林地不再承包给私人家庭，已经承包给私人的林地，也有部分遭到了重新集体化（如江西省），另外木材市场也重新回归了林业部门一家经营。应该说，20 世纪 80 年代的这次“林业三定”改革从某种意义上讲并不成功。

从2000年至今的第二轮改革具有以下明显特征：第一，具有物权。物权法明确保护农民对于林地承包经营的合法权益，被归属为用益物权。必须依据物权法保护、落实农民的处置权、收益权和经营权。第二，长期性。林地承包期为70年，承包期届满还可以继续承包，这是中央10号文件明确规定赋予农民的权利。“山定权、树定根、人定心”的目标得以实现。第三，流转性。可采取多种方式依法进行转包、流转、出租林地经营权和林木所有权，前提是依法自愿有偿和不改变林地用途。这项举措对于林地承包经营权人而言是十分具有激励功能的。第四，资本性。林地经营权和林木所有权在改革中被农民获得后，其具有的资本功能可作为抵押或出资、入股、合作的条件。第二轮改革进一步推动金融资本向农村流动、化解了农业发展融资难的问题，可视为农村金融改革的重大突破以及农村土地经营制度的重大突破。

集体林权的改革得到了“村级决策”的推动，因为“村级决策”带来了多样化的改革结果。到了2008年，中国的基层民主自治已经推行了一段时间，因此，主要的村一级的经济决策是由村民集体自己做出的。因此，这样的“村级决策”在林权改革问题上就带来了非常多样的改革方案：有的村将全部集体林进行了分林到户，而还有一些村甚至没有进行集体林的林权改革；承包合同期延长，分林到户的合同期最高达到了70年，与城里的商品房产权一致；农民权利增强，在林权问题上获得了更为丰富的经营权，拥有了继承、转让和抵押林权的权利；此外，许多推行林权改革的地区还发放了林权证；在一篇实证文章（Xu，Deininger，Siikamaki and Ji，2013）中，林权改革的其他作用还包括：救生圈效应——对于教育水平较高的农户，林权改革可促进异地非农就业，而经济危机+林权改革则促进本地返乡就业；劳动力吸纳效应——对于教育水平较低的农户，林权改革为其提供了更多的林业就业岗位；自主经营增加——提高林农的借贷和投资能力。

本次林权改革取得了很大成绩。为了全面评估这一次集体林权改革的绩效，北京大学也分别于2006年和2011年发起了两轮专项调查，共调查了8个省，49个县，141个乡，288个村，3180个农户的林业问题。这是国家林业局支持下，中国学术界进行过的规模最大的林业调查之一。这次调查的主要内容是：分析了本轮集体林权改革的直接成果；调研了改革对森林资源管理的影响（包括造林积极性、林业投资、村级森林资源变化等）；此外，这些调研还重点关注了林权改革对林农家庭决策和福利的影响（包括劳动力决策和能源消费结构）。通过调研，学者们发现这次集体林权改革其具体效果还是因省而异的。比如，在集体林权改革起步较早，林业家庭经营比例已经较高的省份，林权改革的进展就是有限的，家庭经营比例在林权改革后并没有预料中那么大的提高。这从某种意义上讲，也是“村级决策”的必然结果。但是从总体看，是具有划时代的进步意义的。

农民从集体林权制度改革中获得了新的生存与发展之路。据统计，全国集体林地有森林的经济价值共 10 万亿元，共有 46 亿立方米森林蓄积量。若将森林蓄积量分山到户，每户农户至少拥有 10 万元价值的森林资产，这对农民脱贫而言是一个十分具有价值的资源，可以充分利用：户外拓展项目、民宿酒店、漂流项目、野外休闲项目以及相应的旅游项目。通过把“砍树”变成“看树”，收入相当可观。林地经营权和林木所有权的经济潜力通过集体林权制度改革得到了进一步的释放。绿色发展、人与社会和谐发展的观念深入人心。从全国看，林业产业总产值由 2006 年至 2016 年十年间增长了 6 倍，即从 1.07 万亿元增加到 6.4 万亿元，全国林下经济产值超 6000 亿元。超过 3000 万的农民在林业以及相近领域生产生活；农民纯收入的五分之一来自林业，农民纯收入的 50% 以上来自重点林区林业与相关产业。

林农通过集体林权制度改革获得了处置权、收益权，森林资产不断盘活。我国集体林地流转面积在 2018 年接近 3 亿亩，占农民承包林地面积的约六分之一。开展集体林权改革之前，每亩林地年租金为 3 元/亩，改革后 2018 年的租金上涨至 24 元/亩，广西、广东等南方林区的林地租金更是达到了 125 元/亩。林业专业社、大企业加专业社加林农模式、家庭农场模式以及股份制林场这些灵活、新型的并具有创新特征的林业经营主体在全国各地大量涌现。据统计，到 2018 年，约 20 万个创新性、多元性的林业经营主体成为我国林业经营的主要力量，约 4 亿亩的林地纳入新型林业经营主体的范围。经营效率在集体林地得到了很高的提升：由改革前的 85 元/亩，上涨至 2018 年的 350 元/亩，增长了 300% 以上。2018 年林权抵押贷款余额达 850 多亿元，与2010年的300亿元相比，增长了3倍多。山林资源变成了火热的资本，给农民带来了固定收入的实惠。

2017年底国家林业局发布关于集体林权改革的相关数据。数据显示，从集体林权制度改革获得收益的林农超过了1亿人。此外，我国共有将近30亿亩的集体林地确权，几乎是所有参与集体林权制度改革的集体林地都得到了确权；大约27亿亩的集体林地得到了相关林权证，大约是已确权林地总面积的98%。

总的来说，目前还较难对本轮林权改革的成果进行完善的评估。由于各地林权结构存在显著差异，变化方向也不尽相同，因此改革的进展在各地差距也很大。不过，通过加强外部监督、上级监督对于推进林改目标的实现意义重大；在家庭经营得到加强的地方，农民林业投资、森林资源状况得到了改善；在家庭经营得到加强的地方，农民自营经济得到了发展；部分农民受益于救生圈效应、部分农民家庭直接增加了农业、林业劳动力投入；更为重要的是，林业改革对缓解农村收入不平等有重大意义。中国的林权改革对其他发展中国家也有重要的参考价值

最后，从国际经验来看，林业部门的改革在发展中国家越来越普遍，但改革顺利的国家则少之又少。虽然中国的本轮林业改革取得了一定的成绩，但总体而言，中国国有林区的改革还与其他发展中国家的改革一样进展缓慢。另外，也有必要认识到，农村社区绝不是乌托邦。在中国，农村社会的基本矛盾无一不与农村土地制度高度相关。建立以家庭经营为基础的土地制度、林地制度，是促进中国农村可持续发展的必由之路。而中国林业部门的家庭化改革方向，对世界其他发展中国家也有重要的借鉴意义。

（二）林权产权方面的研究

相当一部分研究从产权安排、产权制度变迁入手，选取福建、广西、浙江的村级案例进行深入调研和比较分析，探讨目前林地产权制度的弊端，集体林产权改革的动因、过程和结果以及森林产权制度变迁与绩效（张红宵，2005；刘金龙，2006；刘毅，2007）。也有学者从集体山林经营方式改革的角度探讨集体森林基层管理模式的演变。目前南方集体林区林地产权制度出

现了三种模式：分林到户模式；集体经营；林业股份合作制（马天乐，2001）。而林业产权与森林管理模式又是分不开的，有学者分析了林业经营形式的实践与评价，指出林业财产营运的权利同社会利益间的特殊关系，探讨了林业产权交易的困难和政府的作用和地位，认为政府的作用应当以保护财产权利为基本出发点，在必要时运用政府的权威，强制产权交易的顺利进行（张春霞，1994）。

（三）社会学、组织学方面的研究

另一些农村问题研究学者则从社会学、组织学的角度切入，认为由于林改过程中产权不清、利益分配不明确、林地流转不规范等问题，再加上有些林权改革直接牵扯到地方政府的利益，林改造就了少数人借林权改革之机快速致富，而大部分农民被排斥在集体所有的山场，导致一系列群体性事件和纠纷的集中爆发（朱冬亮，2007；贺冬航，2008）。部分学者提出，农民集体行动、林业大户、国家权威是影响目前的林地纠纷的三大因素。在三个影响因素中，三方利用各自在地位、资本、人数、权力、信息的优势进行博弈，都可能在维持或变动林权中发挥作用，要改变这种矛盾和冲突必须通过制度创新以促使三方的合作（贺东航，2008）。

在国外的文献中，有学者指出，世界森林经营趋势已逐渐从自上而下的集权管理向分权和结合当地公众参与的治理方式转变。这种自上而下的森林经营模式强调多资源经营的管理方式，以生态为基础进行规划，除了考察林木即环境资源外，最重要是将人类纳入生态因子当中，将森林的经营转为森林的多方治理（Mallik，1994）。目前，国际林业界毫无例外地进行森林分权管理的探索。要进一步推动民众参与到生态建设中的必要措施之一，便是分权管理，也是从制度和管理领域推动民众进入林业和生态治理的新方向。全世界有 60 多个国家正在实施分权。2004 年 4 月在瑞士举行的森林分权管理国际研讨会就是一个有力的证明。

五、公私合作模式与风险管理研究

（一）公私合作模式研究

1975 年，Murray 认为，公共与私人、政府与市场决策之间的混合使得公用事业中公私两者之间的界限变得模糊且逐渐融合。斯迪格里兹（1998）提出了“私有化基本原理”，主要是指政府以签订合同、授予特许经营权、经济参与、放松管制等手段与途径，委托私人供给；其他学者总结认为公私合作模式是从完全公有到完全私有的公—私合作模式链（萨瓦斯，2001；威廉，2002；斯蒂格勒，2003）。这一概念在实践中出现得较早。比如美国在 20 世纪 60 年代将私人投资引入了城市基础设施领域（Folser，1986）。公私合作在 20 世纪 80 年代大量应用于英美国家，并作为私有化改造僵化国企的标准做法之一，同时也成国有企业产权私有化、公共服务外包的重要标志性事件。可见，公私合作在欧美国家有着较长的实践历史。实务界与学术界从微观企业和中观行业两个角度考察了公私合作的好处。就微观角度看，有公用事业部门的运营表现的改善、公用事业产品服务提供的成本的降低、增强竞争、改善环境、通过引入私人资本降低投资压力。此外，公共部门职能并未在公私合作中弱化，但是进一步促成了公共部门角色的转变，推动了公共部门采取更为灵活和专业化的方式与私人部门合作的技巧。由于私人部门地位的提升，公私合作更需要公共部门和私人部门之间更紧密的合作，这一点完全有别于单的市场化政府采购项目。从中观行业的角度看，公用事业目标通过公私合作变得更明确；公用事业项目还由于其经营引入竞争性招标与绩效激励机制形成了投资价值理念；经济绩效得到了显著提高，这与引入自由市场机制、私人机构的介入、竞争的存在密切相关。退一步而言，纳税人在合作与招标过程中的竞争使失败的项目中依然能够获益，这是由于公共部门在竞争过程本身变得更有效率。公共部门和私人部门通过“最有能力者承担”的黄金原则合理分配风险，这在公私合作项目中成为一个通用的原则。公共部门部门从公私合作中的好处还体现在，避免额外负债并且保持财政目标，这对于公共部门而言是至关重要的。

在公私合作的风险分配、效果和政策方面，文献进行了总结和分析，包括 BOT 模式的探讨等。杨曦（2011）认为民营资本进入基础产业并不违背基础产业的内在特性；不影响国有资本对这些关系的控制；有利于提升基础产业的效率和服务质量，并从政府的角度提出了引导民营资本进入基础产业领域的路径。邱元直（2012）分析了民间资本在我国公共项目中的作用。王元京（2013）提出引导民营资本的基本对策：确立民营资本进入公共项目的原则、明确公共项目投资重点、拓宽民营资本的投资渠道、创新民营经济进入公共项目的融资方式等。于国安（2013）认为政府投资经营的公共项目完全有条件转变为民间资本投资和运营，关键在于政府思路的转变、为市场机制提供必要条件。有学者将限价房项目作为分析案例，提出了 PPP 项目合作效率和政府激励效率受到不同产权结构下私人部门自利性和公益性努力水平的影响的分析（孙慧、赖毅，2014）。PPP 限价房项目的合作效率水平在合理的控制权配置下得到了提高，公众的满意程度也因此提升。私人部门公益性行为的努力水平会因此提高，而自利性投入还受到有效的激励措施的限制。这最终会提升目前限价房的建筑质量、小区治安和环境的改善，社会总效益也必然会实现最大化。

从公私合作国内外研究可知，发达国家利率和汇率较稳定、法律体系较为健全，国内市场需求较平稳，项目的风险主要来源于市场，政府对项目的担保较少，所以发达国家更关注于公私合作的投融资、项目的风险分担和项目运营效率研究。我国由于政府信用问题、法律法规的不健全等原因，则更注重于对公私合作机制的研究。总体看，国内外研究还存在一些不足：第一，对 PPP 概念认识不足；第二，对 PPP 模式功能认识不清。特别是在我国，社会资本已成为重要的市场主体，然而在公共项目中，如国家储备林建设中尚没有发挥应有的重要作用，这固然与社会资本固有的追求利润最大化、短视和分散有关，但是社会资本缺乏进入公共工程的途径和方式则是重要原因。因此，运用公私合作机制引导社会资本进入国家储备林建设，是项目有效供给的重要环节之一。

（二）PPP 风险研究

风险管理具有三个重要方面：风险识别、风险分担和风险处置。一般而言，风险识别和风险分担研究是风险处置的前提与基础。但风险识别和风险分担密不可分，存在较多的交叉。因此，要获取风险识别研究的全貌，就必须从风险识别与风险分担两个方面展开。风险处置则必须建立在科学的风险识别和风险分担基础之上。

1. 风险识别

鉴于目前国家储备林风险识别的相关文献尚不多见，但是 PPP 风险识别在其他领域的研究对国家储备林项目的风险识别却颇有启迪。目前，学者们对 PPP 项目风险识别的概念、层次和因素达成了共识，即观察、分类并且预测影响项目绩效的客观存在的风险因素，或者是潜在风险因素即是风险的识别；宏观、中观和微观是 PPP 项目中的三个等级，具体进一步可细分为政治风险、财务风险和经营市场风险，阶段风险、项目生命周期风险等（Li，2003；Ozdoganm，2000；Thomas，2003）。Zayede（2002）认为 BOT 项目作为典型的 PPP 项目，其风险与 PPP 项目风险相似，但更突出表现在激励风险、采购风险等方面。Hastak（2000）则将 PPP 风险细化为 73 项因素，他研究的是国际工程项目，因此将 PPP 项目划分为三大层次：一是国家层次，二是市场层次，三是项目层次。印度 BOT 公路项目是 Thomas（2003）的研究对象，他认为阶段风险、建造阶段风险、经营阶段风险和项目生命周期风险是 BOT 的主要风险因素。而 Wang（2000）则将政治风险、建造风险、经营风险等 50 项因素归并分类，系统提出了 BOT 的相关风险因素。王建波、杨冠楠、刘宪宁、赵辉（2012）提出，我国廉租房项目的供给速度和质量下降的原因是多方面的，其中资金来源和融资方式单一、以政府预算投资为主进行兴建，造成了政府可提供资金短缺现象，这也是原因之一。我国廉租房建设融资风险的存在、融资缺口的巨大，都是摆在目前的重要难题。可以结合青岛市廉租房建设情况，通过借鉴在基础设施建设运营当中 PPP 融资模式的成功经验，以加快其供给速度，还探讨了廉租房建设中将 PPP 模式引入其中可能发生的各种风险，并如何将以上风险进行模糊综合评价，如何提出风险防范机制的角度提出了论述。张水波、郭富仙（2013）对如何针对国际 PPP 项目的工程承包企业进行投标风险分析/项目恰当的选择和正确的投标决策的决定，展开了系统的论述。

2. 风险分担

丰富的风险分担原则研究已经由学者们所提出。比如，某个方面的风险应交给更能掌控的一方承担（Rutgers，1996）；项目融资、建设、经营此类可控制的风险则应该由项目业主承担（马强，2002）。有学者提出，项目风险分担虽然可以使用描述性语言来表述，便于理解但也存在难以量化的问题，导致了难以在实践中操纵。所以采取什么方法来研究风险分担，也是需要研究关注的一方面。为此，部分学者采取了统计分析法，首先采取访谈、问卷调查的方式，接着用频率分析、取平均值判断受访者在风险分担之中的倾向。如在英国 PPP 项目采购流程研究基础上，Li（2005）组织了调查问卷，并归纳了英国 PPP 项目风险分担的偏好结果。在案例研究方面，道路建设风险分担方案（上海延安东路项目）、Citylink 项目方案（墨尔本）与 B 电厂项目（来宾）的风险分担方案均对我们的研究具有启发作用（Arndt，1998；Wang，2000；Zhang，1998）。为探讨基础设施风险控制成本、服务效率和风险分担之间存在的合理范围，李丽红、朱百峰、刘亚臣、张舒（2014）从风险分担研究现状、PPP 模式等角度出发，进行了系统分析。总结以上文献，可以发现要在合理分担区间对风险分担进行设计，提出的风险分担流程、根据风险分担原则构建的分担框架必须建立在分担机制进行假设界定和风险偏好分析上。

3. 风险处置

风险降低、风险分担、风险自留、风险转移和风险回避组合成了完整的风险处置措施。在合同条文之中，一般都是将风险分担作为风险处置的一项选择措施进行定义。但是所需的谈判时间和成本在一致协议达成前总是居高不下，合同起草双方都想将更多的风险转移给对方。风险处置与风险评估、风险识别比较来看，风险处置在 PPP 风险管理研究中更得到重视。部分学者将本土情景当中会时常出现反复的谈判和谈判过程中的讨价还价以及过程的拖沓与进程的缓慢作为研究对象，认为 PPP 各方之间的相互依赖和相互嵌入关系是引发以上情况的主要原因。同时，在签署正式合同后要注意弥补缺陷和展开平衡，信任关系强的项目可以解决诸如机会主义、代理问题和信息不充分此类的问题，如此，交易成本就会大大降低。信任还能抵制事后机会主义和降低缔约成本，因此信任是解决以上问题的关键。学者们提出了缔约风险控制策略的办法，要依据 PPP 项目缔约过程中信任的动态演化规律来制定。存在着以下的解决路径：一方面是要选择具有信任感、信誉比较高的投资人；另一方面是在整个谈判和项目实施当中要注意培养信任导向关系。澳大利亚的相关学者详细描述了每个风险与其影响，提出了风险的风险矩阵，通过该矩阵能够很清楚地掌握每个风险应转移给哪一方和风险处置的思路。英国的部分学者为规避 PPP 风险、规范该合同，将风险分担 PPP 合同条文标准化，如此能更好地推动 PPP 项目的落地。但是必须看到，某个国家的风险分担结果不能放到另外一个国家直接使用，这种“拿来主义”会引起 PPP 项目的“水土不服”。同理，行业间的风险分担结果也互不兼容，不能简单地互相转换。直到现在，关于国家储备林的风险分担研究仍有待丰富，结合本土实际的国家储备林 PPP 风险分担研究更是不多见。

六、项目投融资研究

（一）项目投资组织结构研究

丁宁（2000）认为，从不同的角度、不同的侧面、不同的层次来考察，同一个有机的投资使用系统可以有不同的结构，反映不同的功能和特征。对于微观经济项目方面的增量投资，则存在不同的投资主体，因此形成了不同的投资结构。张极井（2001）认为，项目投资结构是指投资来源结构与投资主体结构，是投资者之间的法律合作关系以及项目的投资者对项目资产权益的法律拥有形式。在大型项目建设中，目前较为普遍采用的投资主体结构有三种基本形式：公司型合资结构、合伙制结构、契约型合资结构（张极井，2003；简迎辉，2006）。对于项目合理投资结构的选择，张极井（2003）从资产拥有、产品分配、资金流量等九个方面进行了分析。这些考虑的因素从内容上基本是一致的，也是目前设计项目投资结构的主要立足点和出发点，但这些考虑主要从市场主体之间设计项目投资结构。在国家储备林供给机制下，私人部门与政府的偏好存在较大差异，应根据不同投资主体的目标类型，根据我国目前的法律、法规和制度，设计项目合理合资组织结构类型。

（二）项目投资数量研究

在国家储备林中需要采取合理的方式将投资在不同投资者之间分摊。目前常用的投资分摊办法有：平均分摊法、主次分摊法、各种比例指标分摊法、效益比例分摊法、抵偿年限分摊法等（Hard，1995；黄伟杰，2006；陈伟，2004），具体应当根据实际情形的不同采取不同的算法。应用博弈理论分析投资分摊问题是另一种行之有效的方法。可利用合作博弈 Shaply 值法理论研究多目标开发项目的投资分摊问题（陆菊春，2003；陈守伦，2004）。刘伟（2004）则提出了合作博弈 Shaply 值法与多目标二次规划相结合的综合分摊投资方法。

可考虑对国家储备林采用多种方法进行分摊计算，但由于各种方法的分摊系数并不相同，因此也难以应用某种办法作为投资费用分摊的依据。因此需要依据国家储备林的特点予以进一步明确。在国家储备林公私合作投资中，由于不同的投资主体与国家储备林投资的最终目的是不同的，政府与民间组织一直存在对立和冲突性，同时由于在国家储备林的投资过程中，投资各方的行为互相影响、相互作用，是投资各方利益均衡的结果，政府与民间机构对国家储备林的投资具有明显博弈特征，因此可考虑用博弈理论来分析国家储备林的投资分摊问题，并按照“效率优先，兼顾公平”的原则进行合理调整。

（三）国家储备林投融资模式研究

森林供给模式，主要视角有三：第一，立足于政府投入。旧福利经济学主张利用税收解决财政资金的投入问题，以实现森林资源外部效益的内部化，达到资源配置最大效率化（Pigou，1948）。第二，立足于市场交易。著名的产权理论将森林的产权放在投融资的首位进行研究，认为清晰的产权及其有力的回报机制是解决森林培育主体激励问题的关键。同时，从森林获益的利益相关者也必须对森林进行一定的投资和补偿，从而平衡原有的投资（Coase，2001）。第三，立足于自组织。自组织理论在政府和市场之外提出了治理公共事物的第三条道路，并提出了公共池塘资源的定义，认为可以通过好制度供给、承诺和监督等手段来解决诸如森林的有效自我供给问题（Ostrom，1990）。

国家储备林供给模式研究，主要观点有三：第一，多元融资。此种观点认为应主要依托政府主导，开展市场运作，多元化创新融资方式，广聚资金建设国家储备林（闫振，2016）。第二，社会资本投资国家储备林的途径。此种观点主张以国家储备林补助政策为抓手，以 PPP 模式为载体，以林（木）权抵押为保障，吸引社会资本，合力支持国家储备林建设（陈静、李孝忠，2016）。第三，项目管理。此种观点认为国家储备林要借鉴林业国际金融组织 30 年的项目经验，在“目标方向、规划布局、项目内容、技术管理、资金投入”方面发挥国际金融组织贷款项目的资金、技术、管理优势，促进内外资项目的融合发展（高娜，2016）。

七、公共工程政府管制研究

（一）投资回报率管制研究

投资回报率管制是美国等国家自然垄断产业的最重要管制方式，是指管制者通过制定“公平、公正”的投资收益率以限制企业的被管制服务和产品的利润水平。伯格（1998）认为投资回报率管制主要包括三个步骤：排除不必要的成本，对投资成本进行审核；在讨价还价基础上，确定项目公平、公正的投资回报率；以公平、公正的投资回报率为基础，引导企业设定费率结构和价格，使其获得的利润水平被控制在被允许的程度。经典研究表明，实行投资回报率管制会产生 A－J 效应，信息不对称和参与约束的代价还会产生对被管制企业的弱激励问题。阿弗奇和约翰逊（1998）提出，当企业以利润最大化为目的时，合理回报率定价会促使企业过度使用资本。所以，合理回报定价对于效率的影响就是企业不是以成本最小化进行生产，而是会导致过度资本化，导致资本相对劳动的使用过度，企业倾向于更多使用资本，作为结果产出可能出现无效率的高成本。此外，由于存在信息不对称，被管制的企业制定的回报率可能并不真实反映真实的成本，在定价中存在“参与约束”的代价，导致企业低效率地使用资源。

（二）最高限价管制研究

投资回报率管制存在引起效率的损失和对管制者的信息要求比较高等局限性，因此，部分国家和地区采取了激励性管制办法，如价格管制。阿克顿和沃格尔（2004）总结了最高限价管制的主要内容：产品服务的最高价格内容由管制者制定；被管制者自行确定的价格必须在该限价范围内，在这个价格水平下被管制者可保留全部利润；管制者依据预先设计的外生因素对最高价格进行调整；经过一段时间，最高限价可被管制者修正和改变，这与企业成本、利润和需求有关；最高限价可以激励企业降低生产成本，最大限度地获得利润水平。与投资回报率管制相比，最高限价管制内在地将价格与成本联系起来，通过限定企业转移成本、模仿竞争性市场压力来给予企业降低成本的激励。而且操作简单，可避免投资回报率管制那样在收费时都要详细检查成本的复杂程序。

八、目前研究中存在的问题

综合各种研究，目前在具有准公共物品特征的国家储备林建设中宜采取公私合作的供给方式和政府财政投入为主体的多元化投资体系。针对目前国家储备林存在的供需矛盾和投资缺口，政府应该转变思路，利用市场机制有效地、最大限度地动员社会资本进入国家储备林领域，不断进行供给方式的创新。形成以国家财政投资为主导，多元化融资相结合的投资体制。所以，国家储备林供给中政府应该是促进者，而不是资金提供者；政府应当是制度机制的供给者从而促成社会资本进入国家储备林建设领域，以形成风险共担、共同获益的政府和社会资本的投资合作方式。但目前国家储备林供给研究还存在以下问题：

第一，国家储备林供给机制研究中，缺乏对国家储备林项目以及林权在经济学理论基础方面的研究，从而导致对国家储备林项目的产业、准公共物品特征、产权特征的分析不够深入，对国家储备林供给方式方面也缺乏进一步的理论分析与研究。

第二，国家储备林投资中国家的项目资源投入比较宽泛，不能明确具体的领域和目标，各级政府之间、社会资本与各级政府之间的投资界限也未能厘清，方向趋同且各主体职责不清。国家储备林投资中政府与市场之间，政府与政府之间合理分摊投资的机制和办法有关研究不够深入。上述问题需要对国家储备林林权分配进行公共经济学和新制度经济学理论分析，在合理界定政府、市场合理分工的基础上，需要按照不同受益范围和政府分职治事原则，研究政府与民间组织、中央政府与地方政府在国家储备林投资中博弈机理。

第三，对于国家储备林公私合作供给的运作方式和运作机制还没有深入研究。个别项目，如广西国家储备林建设已经采取了以特许经营权为基础的BOT方式。但是无论是研究或实践仅在某个方面或某个角度开展了研究，系统性不强、理论分析不足，不具有普遍意义。如何遴选高效的公私合作模式和运行机制，引导社会资本进入国家储备林建设，有待进一步系统化和理论化总结和研究。此外，选择有效的供给方式也有待深入探讨。

第四，国家储备林PPP项目是一个涉及经济、社会和生态方面的公共项目。社会资本方、政府方和金融机构是国家储备林PPP项目的重要参与主体。每个参与主体的职责和功能均有所不同：项目的投融资、建设、运营和维护由社会资本方负责；PPP项目的引导、管理和监督由政府负责；金融支持由金融机构负责。当然，还要加上非政府组织、林农和社区等相关的参与主体，但他们的参与属于间接和次要的方面。但是否还有其他的利益相关者影响着项目目标的达成？这些参与方的利益和诉求各是什么？如何进行协调？如何进行分类？目前的文献缺乏系统的整理与实证研究。

第五，如何结合风险管理的最近研究成果，指导国家储备林 PPP 项目建设的风险分担文献有待丰富。目前，有关国家储备林 PPP 项目的文献不断涌现，但是缺乏对风险管理和风险分担方面的研究，结合实证研究的实证和量化分析则更为少见，有关的研究方法更是需要进一步丰富。

九、研究方法、研究内容与技术路线

（一）研究方法

本书采取了“提出理论假设—经验性应用和检验、理论分析—提出相关政策建议—实例验证”的思路，采用的方法有：

第一，利益相关者分析法。首先，进行国家储备林供给的利益相关者研究的背景调查，在总结相关研究基础和研究文献的基础上，进一步梳理文献，在国家储备林供给的行业特征与利益相关者理论的基础上提出研究问题，进行国家储备林供给的利益相关者分析，为后续研究提供思路和奠定基础。通过专家访谈、焦点小组等方法确定国家储备林供给的主要利益相关者，明确主要利益相关者诉求，而利益相关者的矛盾冲突则是通过问卷调查对利益相关者分类研究基础上进行。

第二，案例分析法。本书将在搜集大量统计资料基础上，综合运用风险分析的相关方法，提出国家储备林 PPP 模式的风险分担建议；本书也特别关注有关林权、投融资经济现象的规范分析，对国家储备林的供给和投资方式、对国家储备林的投入融资现状和林权应用的情况进行大量的实证分析，构建国家储备林投融资的方式，以及运作的途径，力图突出规范分析。此外，还特别注重在实证的基础上提出国家储备林的 PPP 模式的政策，用于指导实践，并注重论点的可检验性，从而使得本书更有可操作性，使得政策建议有应用价值。

第三，运用宏观经济领域中的公共支出理论、投资理论等宏观分析方法研究国家储备林的投资结构，同时运用微观经济学方法研究国家储备林公私合作模式的运作机制。运用了比较分析和个案分析的方法，包括对各地区国家储备林的投资方式、大型基础设施投资方式进行了比较分析，并对广西、福建等省份项目进行了个案分析。

（二）研究内容

本书的内容主要涉及以下七个方面：

1. 国家储备林产生的背景、当前建设情况与研究意义

本书提出了在我国当前城镇化、市场化和工业化快速发展的时期，培育大径级与珍稀森林资源是构建符合中国国情的国家储备林制度、推动生态林业民生林业的重大举措，是改善生物多样性、提升我国森林生态功能的创新路径。介绍了国家林业局开展国家储备林试点，建设国家储备林的背景与情况。认为国家储备林制度是保护我国特有种质资源、增加生态产品供给的战略举措。同时分析了国家储备林的内涵，提出了当前国家储备林建设的三个模式以及存在的问题，如资金不足、收益分配机制模糊等，为下文引出国家储备林 PPP 模式奠定了现实需求的基础，最后提出了研究国家储备林 PPP 模式的意义。

2. 相关文献综述与研究思路

文献综述从新公共管理理论、公共物品理论、利益相关者理论、集体林权理论、公私合作模式及风险管理、项目投融资研究以及公共工程政府管制研究七个方面展开了论述。其中新公共管理理论强调公共服务与公共治理的改革与公共物品供给的方向趋势、公共物品理论分析了公共物品的划分，并通过对集体林权的研究结合，有利于从林权质量的角度划分工业林、生态林以及多样化林，接着运用利益相关者理论及分类有利于正确、科学地厘清国家储备林 PPP 供给的相关主体与相互关系，而公私合作与风险管理则讨论供给主体的组织、利益分配与风险分担问题。最后在明晰供给主体相互关系的基础上，分析了项目的投融资机制与政府的管制，推动国家储备林 PPP 项目的的落地。

3. 国家储备林的主要利益相关者分析

首先通过参阅相关文献资料获得国家储备林主要利益相关者的初步资料，接着与来自林业企业、林业协会、政府主管部门、消费者、村委、科研机构、媒体、金融机构等相关领域专家展开半结构访谈，了解国家储备林各利益相关者各自的角色与需求，并通过第二轮的专家投票筛选出主要利益相关者，通过 Michell 评分模型和“利益—影响”矩阵对国家储备林利益相关者进行分类，展现他们的矛盾与冲突，从而展现了利益相关者影响国家储备林 PPP 项目的路径与机制。

4. 国家储备林 PPP 项目风险管理

在明确国家储备林利益相关者以及分类的基础上，从关键利益相关者参与国家储备林 PPP 项目的角度，分析国家储备林 PPP 项目的风险识别、风险分担以及风险处置。包括明晰国家储备林以往失败案例中的风险因素；掌握过去有关国家储备林 PPP 项目中分担不明确的风险；识别现有可参考的风险分担方案中分担不统一的风险；风险层级归纳以及风险后果分析几个步骤，从而为下文的国家储备林供给方式与组织结构选择奠定了基础。

5. 国家储备林分类

依据公共物品理论和林权的质量高低的研究，对国家储备林进行分类。按照林权质量的高低，将国家储备林的林权分为工业林林权，即具有竞争性强、排他性高的特点，对于林权持有者而言是典型的私人物品，林权质量最高，宜采用市场方式分配林权；多样化用材林权包括居民家居装饰和第三产业用木，在林权的使用和经营上排他性高、林权质量高、竞争性强，应采用市场方式分配林权；市政用材林权主要指应用于城市园林绿化等市政设施的用材林权，具有一定的私人物品性质，但其排他性弱，受政府的规制，林权质量较低；生态林权即森林具有调节气候、对改善生态环境有重要影响的不适宜市场机制分配的林权。

6. 国家储备林 PPP 供给方式与组织结构的选择

在上述理论研究的基础上，将项目融资与政府管制理论纳入国家储备林的供给方式与组织结构的选择研究之中。将接近于公共物品特征的第四类国家储备林明确为政府投资的范围；将具有准公共物品特征的第二类、第三类国家储备林明确为政府与社会资本共同投资的范围，政府应制订切实可行的政策，提供优惠的引资条件和必要的投资或补贴，吸引社会资本与政府共同投资；将接近于私人物品的第一类国家储备林明确为社会资本的投资范围。在供给方式的基础上，构建不同的组织结构。

7. **国家储备林PPP模式的实证研究**

从验证本书研究成果的角度，融合了新公共管理理论、公共物品理论、利益相关者理论、集体林权理论、公私合作模式及风险管理、项目投融资研究以及公共工程政府管制研究。通过广西、福建的国家储备林PPP供给的实际案例，分析国家储备林PPP模式的组织结构、项目运作与成功经验，进一步印证、发展理论研究的成果。

（三）技术路线

本书从国家储备林产生的背景、当前建设情况与研究意义、相关文献综述、国家储备林利益相关者分析、国家储备林PPP项目风险管理、国家储备林分类、国家储备林PPP供给方式与组织结构选择、PPP实证研究七个方面设计了整体技术路线，见图2-1：

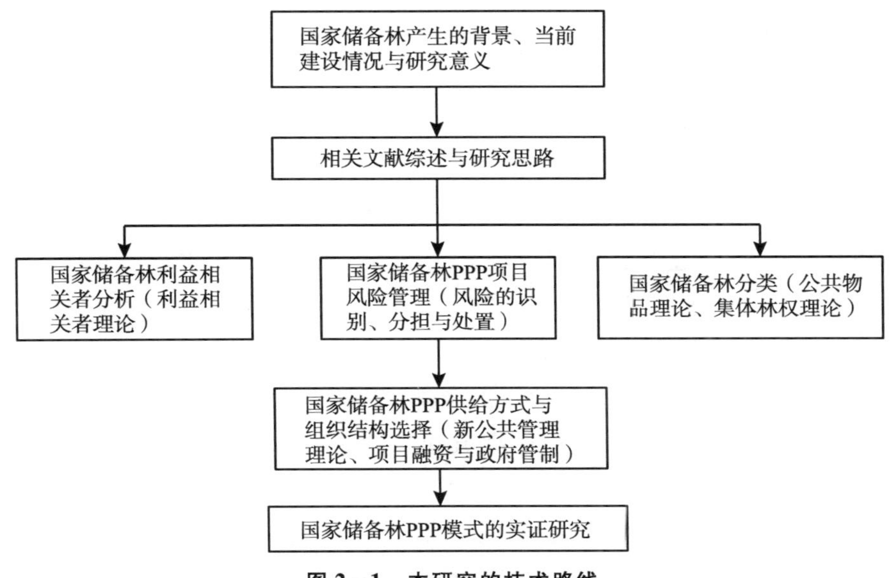

图2-1 本研究的技术路线

第三章
国家储备林的主要利益相关者分析

一、问卷调查与样本分析

（一）研究步骤

在查阅政策法规与相关文献的基础上，本书作者于 2017 年 6 月与 39 名相关专家开展了半结构式访谈。相关专家来自科研机构、政府主管部门、林业企业、消费者、媒体、金融机构、村委会和非政府组织等。首先，列出国家储备林可能的利益相关者并掌握各自角色、需求。其次，由相关专家 25 人投票，其中来自政府主管部门（21.25%）、金融机构（20.13%）、林业企业（27.59%）、科研机构（20.69%）和林业协会（10.34%），筛选出主要利益相关者。最后，通过问卷调查法明晰利益相关者群体各自的地位角色与相互关系，他们的分类研究和冲突分析则采用改进的 Mitchell 评分模型和“利益—影响”矩阵展开。本书将从以下三个方面展开研究：第一是国家储备林的主要利益相关者的确定；第二是分类研究国家储备林的主要利益相关者；第三是分析国家储备林主要利益相关者相互的矛盾冲突。

（二）问卷调查

国家储备林的利益相关者问卷调查由三个部分构成：第一部分调查年龄、工作单位、教育水平、在国家储备林机构的工作年限、林业行业的熟悉程度和个人收入，即受调查者的基本情况；第二部分通过调查的背景介绍和解释利益相关者以及国家储备林概念，使得问卷调查能被解释清楚，以便受访者理解题目进一步的意思；第三部分是对国家储备林的主要利益相关者进行评分，评分采取的是重要性、合法性、影响性、紧迫性和被影响性 5 方面（李克特 5 级量表）。其中："最重要""比较重要""一般""较不重要"和"最不重要"分别用 5、4、3、2 以及 1 来表示。这样可以很清晰地进行量化和展开操作。调研对象是国家储备林的利益相关者：职能部门、金融机构、村委会、科研机构、林业企业、媒体、消费者、非政府组织中的林业协会等，时间是 2018 年 7 月至 9 月。发放了问卷 300 份，回收了 287 份，回收率 95.7%，有效问卷为 280 份，最后的实际有效率是 93.2%。

（三）样本的描述性分析

社会经济学特征变量在有效问卷调查的样本的分布如表 3－1 所示。

表 3－1　　有效问卷调查的样本的分布

项目	分类	人数（人）	比例
年龄（岁）	20 岁以下	0	0
	21～30 岁	143	53.16%
	31～40 岁	76	26.39%
	41～50 岁	34	12.64%
	51～60 岁	17	12.64%
	60 岁以上	10	1.49%

续表

项目	分类	人数（人）	比例
教育水平	高中及以下	16	5.95%
	大学专科	46	17.10%
	大学本科	87	32.34%
	硕士	95	35.32%
	博士	25	9.29%
工作单位	林业企业	54	20.07%
	政府部门	35	13.01%
	化肥企业	27	10.04%
	科研机构	46	17.10%
	村委会	21	7.81%
	媒体机构	9	3.35%
	林业协会	5	1.86%
	消费者	72	26.77%
林业工作年限	1 年以内	53	19.70%
	1 ~ 5 年	65	24.16%
	6 ~ 10 年	32	11.90%
	11 ~ 20 年	21	7.81%
	20 年以上	6	2.23%
	行业外	92	34.20%
对林业熟悉程度	不了解	37	13.75%
	基本了解	42	15.61%
	一般	55	20.45%
	比较熟悉	81	30.11%
	非常熟悉	34	20.07%

续表

项目	分类	人数（人）	比例
个人月收入	≤5000 元	131	48.69%
	5001～10000 元	84	31.23%
	10001～15000 元	33	12.27%
	15001～20000 元	17	6.32%
	>20000 元	4	1.49%

在年龄方面，由于我们的问卷调查具有一定专业性，所以没有调查 20 岁以下的受访者。60 岁以上的占 1.49%、51～60 岁的占 6.32%、41～50 岁的占 12.64%、31～40 岁的占 26.39%、20～30 岁的占 53.16%。工作年限方面，19.70% 的受访者在林业工作 1 年以内；位于 1～5 年区间的受访者占 24.16%；位于 6～10 年区间的受访者占 11.90%；7.81% 的受访者工作年限为 11～20 年；受访者有 20 年以上工作经验的占 2.23%。在教育水平领域，拥有博士学历的受访者为 9.29%、拥有硕士学历受访者为 35.32%、拥有本科学历的受访者为 32.34%、拥有大专学历受访者为 17.10%。个人收入方面，31.23% 的受访者月收入在 5001～10000 元，其他受访者的月收入低于 5000 元，占 48.69%；从工作单位来看，20.07% 受访者来自林业企业、13.01% 来自政府主管部门、10.04% 来自化肥公司、高校及科研机构的占 17.10%、村委会的占 7.81%、媒体机构的占 3.35%、林业协会的占 1.86%，26.77% 来自消费者。问卷调查的样本满足统计分析的要求。

二、主要利益相关者分析

（一）确定国家储备林的利益相关者

通过总结文献资料、专家访谈和专题会议，我们列出林业协会、高校及科研机构、化肥企业、新闻媒体、村委会、消费者、各级林业局、物价局、财政局、发改委、林业站、其他政府部门、金融机构等共 16 类国家储备林潜在利益相关者群体。最后，国家储备林的主要利益相关者由专家投票确定。

专家提出建议，相关利益相关者过于细致对于展开相关研究不利。因此相关行政主管部门归纳为政府部门，林业企业员工、投资者、管理者统称林业企业，林业协会称为非政府组织。最终确定的国家储备林的主要利益相关者群体有 9 类，即村委会、科研机构、林业企业、政府部门、消费者、媒体、非政府组织、化肥企业和金融机构。

（二）主要利益相关者的需求和策略分析

9 类主要利益相关者的定义、利益和行动通过表 3－2 得到了展示。

1. **林业企业**

即主要生产木材和营林的供给者——林业企业。林业企业通过提升科技水平、采取适合的种植方案来经营国家储备林。林业企业追求利润最大化，是“经济人”，为了追求经济效益可能会牺牲社会效益。如果缺乏有效的政府监管和激励措施，林业企业可能会出现过度种植或砍伐。林业企业需要政府引导、激励和约束，这是非常重要的。

2. **政府部门**

政府部门是国家储备林供给的最终责任主体，负责制定国家储备林法律法规、监管林业企业。政府影响林业企业决策的手段有：调整收购价格、提供补贴和进行处罚。政府部门具有有限理性，既要保障国家储备林项目的顺利开展，但也追求本地财政收入最大化和实现经济发展目标。因此，需要制定有效的激励政策，促使政府部门积极监管。

3. **消费者**

消费者是国家储备林的最终使用者，对合格的木材资源具有刚性需求。目前木材市场信息尚不透明、消费者力量分散、参与国家储备林决策渠道有限，难以对国家储备林供给形成直接影响。同时，消费者也承担了木材资源的费用。

4. **金融机构**

金融机构在地方政府的引导下通过金融资金支持国家储备林发展，如发行绿色金融债券筹集资金专项支持国家储备林建设，成为国家储备林建设融资的主要渠道，因此对国家储备林的建设具有直接的利益诉求。

表 3-2　国家储备林的利益相关者

利益相关者	角色	需求	策略	被影响性
林业企业	供给国家储备林	追求利润	林木培育	接受监督
政府部门	监管	提升福利降低成本	监管规制	政府绩效
消费者	国家储备林使用者	国家储备林	联合施压	满意度
金融机构	资金支持	追求利润	合作	接受监督
化肥企业	提供化肥	追求利润	公关	接受监督
村委会	向居民提供公共物品	社区稳定追求效益	与林业企业合作	受舆论影响
科研机构	提供知识	不存在直接需求	智力支持	不存在直接影响
媒体	舆论导向	不存在直接需求	表达民意	不存在直接需求
非政府组织	林业企业和民众的代言	不存在直接需求	间接施压	不存在直接需求

5. 化肥企业

化肥企业是追逐利润的“经济人”，期望尽可能地降低生产成本和提高企业利润，会通过“公关”向林业企业出售尽可能多的服务和产品。但是由于化肥企业的产品事关国家储备林建设，因此化肥企业的行为需要政府、公众和新闻媒体的监督。

6. 村委会

国家储备林建设所需要的土地、林木生长的环境、林农的参与等与村委会密切相关，因此必须要对村委会的作用进行分析考虑。

7. 科研机构

科研机构主要负责苗木栽培技术、林木生长与环境的治理相关研究，同时承担森林的教育职能，传播专业知识。部分科研机构还要求在发生自然灾害时参与应急处理。科研机构本身对国家储备林并没有直接的利益需求。

8. 媒体

媒体是“第四种权力”，承担着对林业企业和政府部门监督的责任。媒体监督的手段较多，如通过新闻报道挖掘林业企业和政府在国家储备林供给中存在矛盾，以新闻舆论的影响和曝光督促国家储备林的良性建设，从而在林业企业、消费者和政府之间搭建沟通的桥梁。但媒体机构本身对国家储备林并没有直接的利益需求，不受国家储备林的直接影响。

9. 非政府组织

国家储备林的非政府组织包括各类林业协会。非政府组织没有政治约束，资金来源相对独立，而且人才储备较为丰富，在国家储备林建设中有一定的优势。但是非政府组织在中国尚处于发展初期，力量薄弱，对国家储备林的影响力偏弱。

（三）主要利益相关者的重要性排序

通过调查问卷和重要性描述统计，我们发现无论是金融机构、林业企业还是政府部门，甚至是消费者与化肥企业，它们的重要性维度都排名靠前，分值都在 4 分上面。因此这四类利益相关者重要性较高。但是村委会和非政府组织的重要信息较低，分别为 3.517 和 3。科研机构和媒体的重要性则次之，如表 3－3 所示。

表 3－3　　国家储备林利益相关者的重要性描述统计

利益相关者	有效样本（N）	最小值（min）	最大值（max）	均值（Mean）	标准偏差（Std D.）
林业企业	280	2.00	5.00	4.786	0.415
政府部门	280	1.00	5.00	4.623	0.523
消费者	280	1.00	5.00	4.523	0.956
化肥企业	280	1.00	5.00	4.347	0.923
村委会	280	1.00	5.00	3.712	0.863
科研机构	280	1.00	5.00	3.653	1.002
媒体	280	1.00	5.00	3.413	0.956
非政府组织	280	1.00	5.00	2.887	1.032

为明确相关群体以及个体的重要性评分均值差与“0”是否存在显著性差异，“配对样本 t 检验”（Paired-samples t-test）的方法被纳入研究当中。科

研机构和媒体不具有统计意义，因为其评分均值与零无显著差异。科研机构重要性评分均值相对媒体较高。这说明科研机构和媒体具有相同的重要性。林业企业、政府部门、消费者、科研机构是重要性较高的群体，此外重要性较高的还有化肥企业、金融机构、村委会和媒体。最后，为了进一步掌握利益相关者的利益、影响特征，对利益相关者我们还展开了分类研究。

（四）国家储备林利益相关者分类研究

本书增加了“被影响性”属性（Varvasovszky & Brugha，2000）在Mitchell和Wood的评分方法当中（Score-based Approach）。权力性、合法性、紧迫性与被影响性是国家储备林利益相关者的分类基础（K. R. Mitchell, B. R. Agle & D. J. Wood，1997）。

国家储备林被相关群体的选择与能力所影响，称为权力性（Power）；相关群体有法律和道义上的权力索取国家储备林，称为合法性（Legitimacy）；相关群体采取手段使得国家储备林主管单位和其他群体关注，称为紧迫性（Urgency）；相关群体被国家储备林所影响，称为被影响性（Impact）。将四个属性进行配对，可形成潜在型、边缘型、确定型以及期望型四类利益相关者。确定型利益相关者均拥有以上四种类型，它们的支持对国家储备林而言非常重要；只拥有三个属性或者两个属性的是期望型利益相关者，国家储备林的供给也需要它们的关注；但只拥有某一种属性的，是边缘型利益相关者。

从林业企业到非政府组织，国家储备林的利益相关者在以上四个属性中的得分如表3-4所示。

表3-4 利益相关者不同维度上的评分

	合法性	权力性	紧迫性	被影响性	分类
林业企业	4.5148	4.5210	4.5689	4.3125	确定型
政府部门	4.7130	4.6175	4.6100	3.8366	确定型
消费者	3.8717	3.4428	3.7845	4.7765	确定型
化肥企业	3.6595	3.7563	3.8361	3.5616	确定型

续表

	合法性	权力性	紧迫性	被影响性	分类
村委会	3.2911	3.2712	3.3044	3.5787	期望型
媒体	3.2616	3.4578	3.7735	2.8365	潜在型
非政府组织	2.7345	2.5687	3.2261	2.6654	边缘型
均值	3.7822	3.4578	3.7162	3.5112	

在调查样本评分均值的基础上我们结合 Stanghellini 的相关研究，认为 3.5 是属性评分的临界点，低于 3.5 的评分均值为低分、等于或高于 3.5 的评分均值为高分。确定型利益相关者是四个属性的评分均值都等于或高于 3.5；期望型利益相关者是两个到三个属性的评分均值等于或大于 3.5；若只有一个属性的评分均值等于大于 3.5 或所有均值小于 3.5，可认定前者为潜在型利益相关者，后者是边缘型利益相关者。从表 3－4 看出，确定型利益相关者是政府部门、林业企业、消费者和化肥企业；村委会、媒体和非政府组织分别是期望型利益相关者、潜在型利益相关者和边缘型利益相关者。

协商型（co-thinking）、合作型（co-working）以及了解型（co-knowing）三种参与类型是在确定型、期望型、潜在型和边缘型利益相关者进行细分的基础上划分的。合作型是需要共同管理决策、积极参与管理并且对国家储备林有直接影响的参与类型；协商型是指在管理中共同协商的参与类型；了解型参与要求类型利益相关者的知情权得到保障。

林业企业、政府部门、金融机构、消费者和化肥企业同时拥有合法性、权力性、紧迫性和被影响性四个属性，是国家储备林的确定型利益相关者，它们的决策与行为决策以及切身利益和国家储备林供给水平紧密相关。国家储备林供给需要这四类利益相关者群体的合作型参与，特别要吸纳确定型利益相关者的积极参与。

媒体、科研机构是国家储备林的期望型利益相关者，它们同时具有权力性和紧迫性两个属性。决策者和其他利益相关者因为科研机构和媒体影响力，会关注它们对国家储备林供给的需求。国家储备林供给需要期望型利益相关者的协商型参与，媒体和科研机构可作为咨询机构参与国家储备林的管理。

村委会只拥有被影响性，它们是国家储备林的潜在型利益相关者，但是难以获得管理决策者和其他利益相关者的关注。在中国目前的国情下，非政府组织不具有任何属性，属于边缘型利益相关者。需要保证村委会和非政府组织的了解型参与，保证它们对国家储备林相关信息的知情权。

三、国家储备林利益相关者的冲突分析

构建国家储备林利益相关者的“利益—影响”矩阵，如图 3－1 所示，目的是明确不同利益相关者群体的角色地位与矛盾冲突，探索国家储备林供给路径。其中，“利益”即是“合法性”，指某类利益相关者群体对国家储备林供给的合法权益，或者是对其他群体或个人的合法索取权；“影响”是利益相关者群体使用资源、能力和手段，影响其他利益相关者。

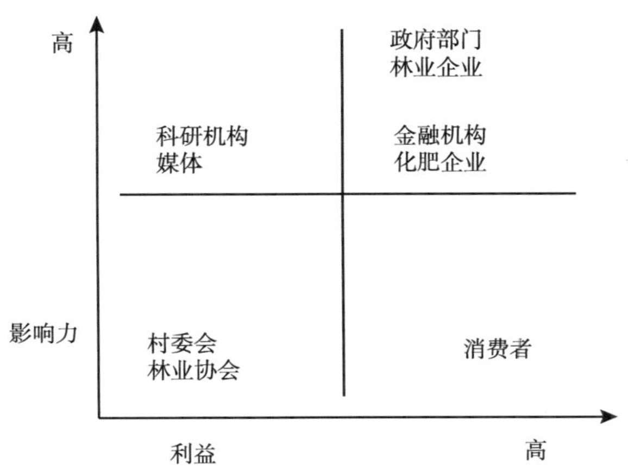

图 3－1 国家储备林“利益—影响”矩阵

政府部门、林业企业、金融机构和化肥企业是国家储备林供给的关键参与者，具有较高的利益需求和较大的影响力。它们具有积极参与国家储备林供给活动的主动意愿，为自己争取更多的权益，这四类关键参与者对国家储备林供给有着最直接、最关键的影响。国家储备林供给主要是这四类利益相

关者之间相互博弈的结果。林业企业和政府部门之间的博弈均衡特别会对国家储备林的供给具有更大的影响。这类利益相关者的行为决策特别需要激励和引导。

消费者对于国家储备林供给有较高的利益需求但是影响能力不足，属于服从型参与者，通常采取联盟的方式来获得自身的权益。应当充分维持与这类利益相关者的联系、关注这部分利益相关者的需求，避免他们采取一些非正常的、不合作的手段。可以向国家储备林提供及时全面的政策法规、林业知识相关信息和国家储备林供给信息，保障消费者的知情权。

科研机构和媒体具有影响国家储备林供给的能力和手段，对国家储备林供给的利益需求比较低，属于背景型参与者。它们的影响力通常受某些特定事件的刺激，如在爆发突发性自然灾害时，会促使科研机构和媒体更积极地参与国家储备林供给活动，它们被动地参与国家储备林供给活动和管理决策。此外，还要重视科研机构和媒体在国家储备林供给管理决策中的专业建议与影响力。

群众型参与者是指村委会和非政府组织，这两者影响力低而且对国家储备林供给的要求不高。它们很少获得其他利益相关者关注或国家储备林资源，现阶段不需要对其过多关注。

第四章 国家储备林 PPP 项目风险管理

一、风险识别过程

国家储备林 PPP 项目风险识别过程包括 3 个方面：

第一，明晰国家储备林以往失败案例中的风险因素。

第二，掌握过去有关国家储备林 PPP 项目中分担不明确的风险。

第三，识别现有可参考的风险分担方案中分担不统一的风险。

（一）失败案例原因分析

PPP 项目在我国落地生根时间并不长，不论是公共部门还是社会资本方都普遍缺乏经验，国家储备林 PPP 项目也积累了相关不成功的案例经验。总结、归纳这些不成功的案例，明晰导致项目不成功的相关风险因素，有利于在未来吸取相关教训，从而更好地指导国家储备林 PPP 项目。为此，本书重点分析了以下 6 个不成功的经典案例，如表 4－1 所示。

表 4－1　不成功案例情况

序号	项目名称	导致项目不成功的原因
1	南阳市淮河源国家储备林建设项目	谈判延误
2	邓州市国家储备林基地建设 PPP 项目	政府补贴数量不明确
3	仙桃市国家储备林建设项目	出现竞争性项目
4	濮阳市国家储备林基地项目	重新谈判
5	巩义市国家储备林基地建设 PPP 项目	营林困难
6	襄阳市国家储备林建设项目	审批延迟

1. 法律变更

法律变更风险主要是指由于《中华人民共和国森林法》（以下简称《森林法》）的修订、法律条款的重新诠释、木材砍伐配额的变动引起合同协议的合法性与有效性变化，造成市场需求受到影响、产品服务成本变动，从而影响了项目绩效目标的达成。

2. 行政审批延误

国家储备林项目由于土地审批等程序，引起项目前期工作时间长、成本高，在通过行政审批之后，难以调整项目的种植规模和土地性质，威胁了项目的正常运作。

3. 政府决策失误

政府决策失误是指地方政府由于官僚主义、不作为或者乱作为、决策不科学或者不规范、缺乏 PPP 项目的运作经验，引起了国家储备林项目的决策不当或造成前期准备不充分以及决策过程冗长等风险。

4. 民众的抗议

这一风险是指由于各种原因导致了林农、社区的权益遭到侵犯或无法得到有效保护，从而导致民众抗议、反对项目建设，实践中主要集中于土地问题。

5. 政府不履行合同

这一风险是指地方政府由于领导换届、财力困难等因素而不履行合同约定的条款，造成了国家储备林项目的直接或间接损失。

6. 不可抗力

不可抗力风险指由于森林火灾、洪涝灾害等引起无法控制的、引起合同无法执行的结果。同时，签订合同时不能预测不可抗力的客观存在和发生，自然灾害阻碍了合同的执行与结果的取得。

7. 融资困难

国家储备林具有木材生长周期长的特征，需要的前期资金投资大。但如果金融市场发展不成熟、融资结构不合理，可能会引发资金链条的断裂。

8. 利润收益不足

这一风险是指由于国家储备林项目的木材价格低于市场预期，从而不能收回成本投资，或无法达到预定的利润水平。

9. 项目存在竞争性

由于政府承诺变动或其他因素，致使同类项目新建，导致对原项目形成了实质性的商业竞争。项目存在的竞争性，一般会带来市场需求的变化、利润的降低和信用的风险，从而影响了项目的绩效。

10. 配套设施缺位

与国家储备林项目配套的基础设施缺位，导致国家储备林的建设效率降低、成本过高。国家储备林一般建设在交通不便的林区，林区道路等基础设施的缺失容易引起项目的延期甚至搁浅。

11. 市场价格的变动

这一风险是指由于国家储备林价格过高、过低，费用变动缺乏弹性等，导致国家储备林建设收益无法达到市场预期，从而导致的相关风险。

（二）问卷调查结果分析

1. 过程简介

通过广西哲社课题《国家储备林供给的实证研究》，本书借鉴 Akintola 的调查问卷研究方法，在南宁、柳州、桂林进行了三次问卷调查。国家储备林 PPP 模式的风险因素等内容是三次问卷调查的重点。本书展开问卷调查的时间是 2018 年 11～12 月，问卷调查的对象是既了解国家储备林也关注 PPP 模式的行业专家，其中包括 2018 年中国—东盟林产品博览会的与会人员。问卷共发出 103 份，53 份有效问卷被收回，其中 28 份来自林科院的科研人员，12 份来自各级林业主管部门，10 份来自投资方。

2. 分担存在歧义的风险

为了比较分析实践型专家与理论型专家观点的差异，我们采取了 T 检验方式。表 4－2 展示了两种类型的专家对风险分担建议存在显著差异的概率是 0.1。其中，两种类型专家对通货膨胀、气候变化以及项目审批等因素存在显著差异的概率小于 0.1。

表 4－2　　分担存在歧义的风险

风险因素	实业界	学术界	T 值	Sign
征用	1.56	1.52	0.020	0.889
政局稳定	1.67	1.40	1.372	0.248
政治反对	1.70	1.50	0.792	0.379
融资市场	2.37	2.25	0.533	0.469
通货膨胀	2.41	2.10	2.846	0.098
利率	2.54	2.29	1.516	0.224
重大经济事件	2.17	2.25	0.141	0.709
法律变更	1.69	1.63	0.058	0.811
税收规定调整	2.10	1.84	1.086	0.303
政府干预项目	1.96	1.85	0.177	0.676
政府支持程度	1.92	1.70	0.687	0.412
林业操作指南变更	2.46	2.33	0.394	0.553
人力、物力可及性	2.85	2.65	2.116	0.153
不可抗力	2.07	2.11	0.072	0.790
气候变化	2.81	2.44	7.478	0.009
地质情况	2.66	2.44	1.480	0.230
环境	2.59	2.33	2.150	0.150
项目需求	2.35	2.48	0.516	0.476
林地可及性	1.89	1.81	0.131	0.719
项目审批	1.86	1.26	6.628	0.013
剩余风险	2.44	2.40	0.047	0.830
项目财务吸引力	2.52	2.60	0.159	0.692

续表

风险因素	实业界	学术界	T 值	Sign
融资可及性	2.58	2.67	0.291	0.592
高融资成本	2.46	2.63	0.723	0.400
设计遗漏	2.61	2.62	0.004	0.949
设计变更	2.40	2.32	0.166	0.685
造林成本超支	2.79	2.75	0.081	0.777
造林工期拖延	2.93	2.76	2.949	0.092
造林技术不过关	2.59	2.79	0.983	0.327
造林质量	2.63	2.71	0.172	0.680
分包商/供应商破产	2.46	2.72	1.421	0.240
营林成本超支	2.43	2.75	2.453	0.124
营林收益不足	2.36	2.67	2.561	0.116
营林效率低	2.45	2.75	2.032	0.161
高维护成本	2.47	2.75	1.992	0.165
规划过于频繁	2.57	2.68	0.282	0.598
合同变更	2.17	2.06	0.616	0.437
组织协调风险	2.43	2.20	1.553	0.219
缺乏 PPP 项目经验	2.00	2.15	0.627	0.433
责任界定不清楚	1.81	2.11	3.489	0.068
风险分担不合理	1.96	2.11	0.800	0.376
政治决策冗长	1.69	1.30	3.770	0.058
公共部门与社会资本方工作方法差异	2.07	2.00	0.203	0.655
公共部门或社会资本方缺少承诺	1.65	2.00	3.221	0.082
第三方侵权危机	2.04	2.11	0.164	0.688
员工危机	2.48	2.47	0.001	0.973

3. 分担不明确的风险

如表 4－3 所示，通过频率统计分析风险分担专家人数最大值和中间值之差，若差异越大，差值就越小。最后得出的结果是：通货膨胀、政府干预项目以及政治反对等成为分担不明确的风险。

表 4－3　　分担不明确的风险

风险因素	公共部门	社会资本	共同承担	差值
征用	30	8	10	20
政局稳定	29	8	10	19
政治反对	21	5	14	7
融资市场	2	17	28	11
通货膨胀	6	20	20	4
利率	6	27	27	11
重大经济事件	4	12	12	11
法律变更	25	10	10	15
税收规定调整	17	17	17	0
政府干预项目	22	18	18	4
政府支持程度	23	15	15	8
林业操作指南变更	5	24	24	7
人力、物力可及性	1	37	37	28
不可抗力	3	7	7	31
气候变化	0	30	30	15
地质情况	2	29	29	13
环境	2	24	24	5
项目需求	3	22	22	0
林地可及性	19	12	12	1
项目审批	28	10	10	18
剩余风险	3	21	21	3
项目财务吸引力	5	31	31	20
融资可及性	1	28	28	13
高融资成本	4	28	28	15
设计遗漏	4	34	34	23
设计变更	6	24	24	5

续表

风险因素	公共部门	社会资本	共同承担	差值
造林成本超支	0	37	37	26
造林工期拖延	0	43	43	36
造林技术不过关	6	38	38	32
造林质量	6	38	38	32
分包商/供应商破产	6	32	32	24
营林成本超支	6	33	33	24
营林收益不足	5	29	29	14
营林效率低	7	35	35	28
高维护成本	6	35	35	26
规划过于频繁	6	35	35	29
合同变更	3	9	9	26
组织协调风险	4	20	20	4
缺乏 PPP 项目经验	8	11	11	17
责任界定不清楚	8	5	5	25
风险分担不合理	6	7	7	25
政治决策冗长	29	6	6	15
公共部门与社会资本方工作方法差异	5	7	7	25
公共部门或社会资本方缺少承诺	9	3	3	12
第三方侵权危机	7	10	10	19
员工危机	7	29	29	19

（三）已有分担方案比较分析

表 4－4 是在 PPP 项目风险分担来源的文献综述基础上所构建的。同时，该表的构建还基于统计结果（用 S. R. 表示）、政府建议（用 G. S. 表示）和案例分析（用 C. A. 表示）的比较分析。不足之处在于各个方案中的风险因素并不一致。但这无可厚非，表 4－4 也说明了目前未能形成完全一致的风险分担标准。但是，诸如林业融资工具可及性、国家储备林规划设计不当和

森林管理成本超支、特许权收回、法律变更、林地征用和木材行业规定变化等风险因素的分担不存在异议。比较分析后我们还是可以得出三点结论：一是国家储备林的融资、建设和经营应该由项目公司承担；二是政府只需承担林业政策法规变更的风险；三是不可抗风险应该由双方承担。

表 4－4　　已有分担方案比较分析

风险因素		公共部门承担	共同承担	私营部门承担
政治	特许权收回	[C. A.], [S. R.], [G. S.]		
	林地征用	[C. A.], [S. R.], [G. S.]		[S. R.]
	公众反对	[S. R.], [G. S.]		
	法律变更	[G. S.]	[C. A.], [S. R.], [G. S.]	[S. R.]
	社会稳定	[C. A.], [S. R.]		
	林业审批延误		[C. A.], [S. R.]	[C. A.], [G. S.]
	宏观经济变化			[S. R.], [G. S.]
	木材行业规定变化		[C. A.], [S. R.], [G. S.]	[S. R.], [G. S.]
建造	林业融资工具可及性			[C. A.], [S. R.], [G. S.]
	国家储备林规划设计不当			[C. A.], [G. S.], [S. R.]
	分包商违约			[C. A.], [S. R.], [G. S.]
	林业工程设计质量			[C. A.], [S. R.], [G. S.]
	林地安全			[C. A.]
	劳资的获取			[C. A.], [S. R.]
	地质条件	[C. A.]		[S. R.], [G. S.]
	场地可及性	[C. A.], [S. R.]	[C. A.]	[G. S.], [S. R.]

续表

风险因素		公共部门承担	共同承担	私营部门承担
建造	营林项目变更	[G. S.], [S. R.],		[C. A.]
	劳工争端			[C. A.], [G. S.]
	林地使用	[S. R.], [G. S.]		
	效率低			[C. A.], [S. R.]
	营林成本超支			[C. A.], [S. R.], [G. S.]
	营林完工风险			[C. A.], [S. R.], [G. S.]
	公共设施服务提供	[S. R.], [S. R.]	[C. A.]	
	融资成本高			[C. A.], [S. R.]
	营林技术不过关			[C. A.], [S. R.], [G. S.]
	生态保护	[C. A.], [G. S.]		
经营	森林管理成本超支			[C. A.], [S. R.], [G. S.]
	储备林管理方违约			[C. A.], [G. S.], [S. R.]
	木材质量不好			[C. A.], [G. S.], [S. R.]
	维护成本高			[C. A.], [S. R.], [G. S.]
	虫害过于频繁			[C. A.], [S. R.], [G. S.]
	管理效率低			[C. A.], [S. R.], [G. S.]
	移交后森林状况	[G. S.]		[C. A.], [G. S.]
	设备维护状况			[C. A.], [G. S.]

续表

风险因素		公共部门承担	共同承担	私营部门承担
市场收益	收益不足			[C. A.]，[S. R.]
	化肥等原料上涨（政府）	[C. A.]，[S. R.]，[G. S.]		
	化肥等原料上涨（社会资本）			[C. A.]，[G. S.]，[S. R.]
	税收变更			[C. A.]，[G. S.]，[S. R.]
	市场需求变化		[C. A.]，[G. S.]	[C. A.]，[S. R.]
	市场竞争性		[C. A.]	[G. S.]
法律	合同与文件冲突	[C. A.]	[C. A.]	
	第三方违约	[C. A.]		[S. R.]
	设施所有权		[C. A.]，[G. S.]	[S. R.]，[G. S.]
	项目公司破产			[C. A.]，[G. S.]
财经	通货膨胀		[C. A.]，[S. R.]，[G. S.]	[S. R.]
	利率变化		[C. A.]，[S. R.]	[S. R.]，[G. S.]
	外汇风险	[C. A.]		[G. S.]
其他	不可抗力		[C. A.]，[S. R.]，[G. S.]	
	剩余风险	[S. R.]		[S. R.]
	气候变化	[C. A.]，[G. S.]	[C. A.]	[S. R.]

二、风险清单的确定与分析

在上述研究的基础上，本书构建了表 4－5。国家储备林 PPP 项目的最终风险清单通过表 4－5 得以体现，相关风险因素的含义通过该表得以解释。

表 4－5　风险清单与含义解释

序号	风险因素	含义解释
1	公职人员寻租	公职人员徇私舞弊，腐败导致项目成本过高
2	行政干涉	行政力量直接干涉项目，影响项目的管理和效率
3	国有化	营林项目被政府强行没收
4	政府不履行合同	政府不履行合同引起营林项目损失
5	其他参与方违约	第三方拒绝或者延误合同的履行引起的损失
6	公众压力	营林项目影响公众利益，遭到反对
7	法律法规缺位	PPP 项目法规难以落地、立法层次不高
8	法规的变更	宏观经济政策变化、《森林法》变化引起营林项目损失
9	利率浮动	金融机构利率变动引起利润降低
10	外汇汇率	外汇汇率变动引起收入低于预期
11	CPI 上涨	通货膨胀引起成本上涨
12	公共决策失误	项目决策失误引起项目的损失
13	林地征地	林地的征用困难，时间和经济成本过高
14	审批时间长	政府审批周期长，引起营林项目的延误
15	合同条款不清晰	国家储备林 PPP 项目条款规定不清晰，引起后期运营成本过高
16	融资	金融市场发育不健全、融资结构不合理，引起营林资金链断裂
17	营林项目变更	前期调研工作不充分，造成营林项目合同变更
18	营林成本超支	营林成本超支、营林周期长
19	供应不足	机械设备和肥料供应不及时或不足
20	技术不成熟	营林技术不成熟、无法达到营林所需标准
21	自然条件恶劣	气候、土地等自然条件不适宜营林
22	造林成本过高	技术标准的提高需要更多的投入，人员薪金压力大等
23	新建营林项目竞争	相似营林项目引起实质性竞争
24	木材需求市场变动	木材市场需求由人口变化、社会环境、宏观经济、法律法规调整而产生波动
25	木材价格变动	木材价格过高或过低引起成本和利润变动

续表

序号	风险因素	含义解释
26	费用支付	无法按时、按量向供应商支付费用
27	基础设施缺位	林地的道路等基础设施建设不到位
28	设备折旧	特许经营到期而设备折旧、无法正常使用，影响项目的延续
29	不公正的招标	招标程序不公平、不公开，市场主体恶性竞争
30	人员素质	项目人员素质不高引起了项目管理问题
31	不可抗力	存在自然灾害等合同条款不能遇见的困难
32	沟通协调困难	营林项目的相关利益方沟通不畅或者沟通成本高
33	税法变革	税收政策变更引起税收压力高
34	环保约束	环保标准的提高引起项目运营成本压力大
35	投资方变动	投资方中途退出项目或者更换投资方引起项目衔接困难
36	测算方法不客观	政府补贴、收费和付费的测算不客观引起成本高、利润低
37	资金监管缺位	由于监督缺位，放贷方利率过高，影响项目可持续性

三、风险层级归纳

在明确风险清单的基础上，在Hastak和Shaked提出的风险层级归纳方法基础上，本书将国家储备林PPP项目的风险归纳为三个方面：一是国家层级风险，即在宏观环境、社会制度和法律法规的风险，比如木材砍伐配额以及林权的确认等；二是市场层级风险，即木材市场的潜在风险，如木材的稀缺性和市场对木材的需求；三是项目层级风险，即营林设计、土壤的破坏等。通过风险层级的划分，能确定风险管理的优先顺序。我们将风险因素划分为37个，其中有14个国家层级风险，7个市场层级风险，16个项目层级风险。具体如图4－1所示。

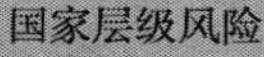

公职人员寻租	行政干涉	国有化	政府不履行合同
公众压力	税法变革	审批时间长	自然条件恶劣
不可抗力	林地征地	环保约束	法规的变更
法律法规缺位		公共决策失误	

市场层级风险

利率浮动	外汇汇率	CPI上涨	融资
新建营林项目竞争	木材需求市场变动	其他参与方违约	

项目层级风险

造林成本过高	供应不足	技术不成熟	营林成本超支
木材价格变动	费用支付	设备折旧	沟通协调困难
营林项目变更		投资方变动	
不公正的招标		资金监管缺位	
测算方法不客观		人员素质	
基础设施缺位		合同条款不清晰	

图 4－1　风险因素的层级分析（箭头表示各种风险之间的影响）

第五章
国家储备林分类

一、国家储备林的经济学特性分析

（一）国家储备林的准公共物品特性

从社会生产的流程看，国家储备林是处在国民经济体系“上游”的生产部门。国家储备林提供的木材资源是我国经济社会发展不可替代的经济资源、环境要素，更是其他生产部门赖以发展的基础条件；在价格构成上，国家储备林的价格构成了其他部门产品和服务的成本。因此，国家储备林具有基础产业最基本的特征。从技术特性和资本规模看，国家储备林投资规模大，而且投资具有不可分性，由此决定了生产和消费的不可分割性和公共性的特点；国家储备林建设周期长，投资规模大，投资回报的周期很长，所以国家储备林一般由政府直接投资或享有政府补贴；国家储备林的建设涉及各部门、各地区、各企业及团体和个人的关系，需要统筹安排，动员投资，协调管理。

（二）国家储备林的自然垄断性

国家储备林为国家提供单一的木材产品，为木材需求巨大的地区提供保障，需要大量的固定资产投资，其中绝大部分是沉淀成本，重复投资会造成资源的浪费和木材资源难以得到充分的利用，所以具有成本函数弱增性以及规模经济的特征，具有鲜明的行业垄断性和地区垄断性。此外，国家储备林还存在典型的政府行政垄断低效率问题。

（三）国家储备林的外部性

国家储备林的外部性主要是正外部性，是一种稳定的外部性，即人们可以各种协商机制促使外部性内部化。国家储备林的外部性所产生的的社会效益和环境效益阻碍了市场机制的有效发挥，扭曲了市场价格，很难以货币的形式在市场上直接体现。这种显著的外部经济性使得私人缺乏生产和供给积极性。此外，国家储备林的正外部性也为“搭便车者”提供了便利机会，使之可以在少付费或不付费的情况下，同样享有国家储备林建设的益处。也同样是由于这种“搭便车”的心理，使得公众在表达偏好和需求时，有意夸大或隐瞒个人真实意愿和倾向，这恰好是“政府失灵”的主要原因。如果国家储备林不能将其外部经济内在化，不能避免“搭便车”的出现，也就无法避免投资不足、供给短缺和效率低下局面的出现。

二、国家储备林的林权

（一）产权

经济学文献对产权的定义众说纷纭。黄少安（2001）认为产权是对财产的权利，包括归属权、占有权、支配权和使用权；德姆赛茨（1998）提出，产权是使自己和他人受益或受损的权利；佩杰威齐（1999）认为，不能仅仅把人和物的关系归结为产权，产权可从人们之间一些被认可的行为性关系中得到解释，这些被认可的行为性关系由物的存在和使用而产生变化；在阿尔钦（1998）看来，选择一种经济品使用的权利被社会所强制实施就是产权的实质；在诺斯（1999）看来，产权本质上是一种排他性权利。在产权管理实践中，一般将占有权、支配权和使用税与狭义所有权分离。由于财产需要经营，所以理论上把占有权、支配权统称为经营权。因此，产权总体上可分为所有权、经营权和使用权。

新制度经济学研究表明，产权的分配对经济效率具有决定性的影响。但产权不是绝对的，而是能够通过个体行动改变的；人们对资产的权利也不是永久不变的，它是人们自己直接努力加以保护、政府予以保护和他人企图夺取的函数。所以，资产所有者及相关利益者必须对其价值的各种特征具有充分的认识，有了充分的认识，就容易实现资产产权的转让。

（二）国家储备林林权定义和特征

1. 国家储备林的林权定义

根据上述的产权理论，可以认为林权是对森林资源的权利，指各类森林主体对森林所拥有的占有权、所有权、支配权、使用权和归属权等各种权能和利益的集合。在国家储备林项目中，国有林场是建设主体，而国有林场是国家保护、培育森林资源的林业生产性的事业单位，其林地、林木等全部生产资料和产品都是国家财产。因此，首先要明确国家储备林是具有浓厚的公权色彩的准公共物品。但是，由于建设国家储备林的目的在于“营造工业原料林、珍稀树种和大径级用材林等优质高效多功能森林”，因此，国家储备林的使用功能和利用方式具有多样性，为满足社会各方面用材需求，提高开发利用效率，各项权能一般都与狭义所有权（国家所有）相分离，形成不同的委托—代理结构，从而林权所有者能够实现排他性的权能，为自己创造利益。

总结上述观点，国家储备林林权是林权主体通过对国家储备林的开发利用而得到的一定林木的质和量的支配权利。它是一个权利束，除了其具有的国有属性外，还包括投资开发权、配置权、使用权和管理权，其中，管理权、配置权、建设权、投资权统称为经营权。由于国家储备林的狭义所有权的国有属性很明确，所以国家储备林林权持有者拥有的林权是指对一定林木资源的经营权和使用权。

2. 国家储备林的林权属性

根据国家储备林的林权定义，国家储备林的基本属性在于可分解性和排他性。

（1）国家储备林林权的可分解性。虽然国家储备林具有国有性质，但国家储备林的产权主体不限于国家或集体，通过对国家储备林产权权能的合理分解、组合、配置，政府、非营利组织、企业都可以成为国家储备林林权主体。我国正处于转型期，将包括狭义所有权在内的国家储备林的各种权能适当分离，可以促进国家储备林产权的合理配置，实现林权主体多样化，可使林权产权绩效大于制度成本，有助于提高国家储备林林木资源的配置效率。

（2）国家储备林林权的排他性。由于国家储备林的公共物品性质，其在提供公共物品的范畴内是排他的，这是国家储备林外部经济性的体现，对林权进行制度上和技术上的合理配置，可以实现国家储备林林权的排他性。具体方式是在国家储备林的林木资源中，按照公平的原则设置比例林权体系，将国家储备林林木资源分配给所有相关经营实体或用户，实现国家储备林外部性的内部化。

（三）国家储备林的林权主体结构

国家储备林投资规模大，需要投资大量的资金进行建设。因此国家储备林的林权主体结构需要从参与投资开发方面进行分析。国家储备林林权主体一般包括政府、企业或事业单位、用户等。

（1）政府，包括中央政府和地方政府。政府作为国家储备林林权的主体包括两个方面。其一，按照中国法律规定，森林资源归国家所有。中央政府和各级地方政府代表国家行使森林资源所有权，包括狭义所有权、经营权、使用权。不过政府通常将狭义所有权以外的其他权益分离出去。其二，由于国家储备林的准公共物品特性，政府以项目参与者的身份通过直接或间接投资的方式参与国家储备林的建设以取得国家储备林的部分林权，特别是满足公益需求的林权。另外，国家储备林一般都涉及多个省市，影响范围大，因此国家储备林的规划、建设、运营以及林权的赋权、分配、行为的规制等都需要政府发挥重要的行政管理职能和协调职能。

（2）林木供给组织，包括国有林业企业、民营林业企业、事业建制的林场单位等社团组织。林木供给组织作为林权主体，它通过投资开发国家储备林而获得国家储备林资源的经营权和使用权；或者它是国家储备林的中间商或林木的深加工企业，通过向国家储备林的开发企业购买一定量的林木资源而获得林木的经营权和使用权。在这些林木供给组织中，为了获得国家储备林林权而参与国家储备林投资的企业和事业单位（国有林场）是本书讨论主要对象，因为在市场经济条件下无论是企业或是事业单位都是拥有自身利益的独立法人，符合 PPP 模式中社会资本的定义。

（3）用户，包括用林木企业、事业单位、家庭和其他个体等林木的终端用户。用户作为林权的主体，它是国家储备林林木资源的最终消费者，持有林木资源的使用权。

（四）国家储备林林权分配

1. 国家储备林林权分配的基本框架

Challen（2000）提出了自然资源产权科层理论，即赋权、初始分配和再分配三个方面。赋权机制是按照某种规则将林木资源在产权持有者之间物理分割，并赋予不同产权主体获得一定数量的林木资源。初始分配机制是林木资源的上层决策实体采用合理的方式对下层各决策实体分配林权。再分配机制是在林权初始分配的基础上，采用合理的方式对林权进行动态调整。在 Challen 自然资源产权科层理论基础上，我们构建了国家储备林林权分配的基本框架，如图 5－1 所示。国家储备林的决策实体分为中央决策实体、地方决策实体、社会决策实体和用户四类。中央决策实体，是国家层面林权的实际持有者；地方决策实体，是区域层面的林权实际持有者，包括地方各级政府及林业主管部门；社团决策实体，包括林业企业、各级林业管理组织（林场）；用户，是最终林木层面上林权的持有者。国家储备林林权分配就是按照政府—社团—用户的递阶层次关系自上而下进行分配的。

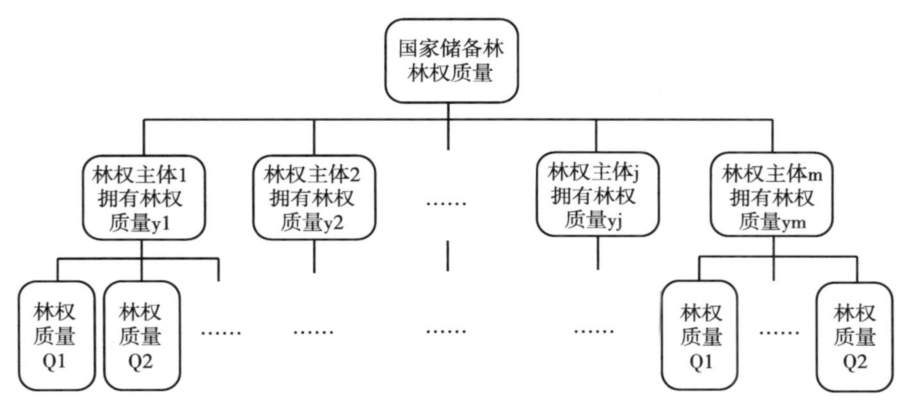

图 5－1　国家储备林林权质量

分散管理与集中管理相结合是我国国家储备林目前的管理模式。国家林业局在国务院的委托授权下对全国国家储备林的管理工作负全责，其他各级人民政府及其林业部门负责其辖区内国家储备林管理工作。各个地方政府有权赋予或授权相关企业或组织开发其辖区内的国家储备林建设与管理。获得政府授权的企业则对下一层次的企业、组织或个人分配林权，最后一个层次的企业或组织则是林木的最终用户。一般而言，各级林业企业获得的林权包括经营权和使用权，最终用户获得的是使用权。可见，林权被各级决策实体分层持有。从横向看，林权被同层次的各个决策实体分割持有；从纵向看，上一级的决策实体总是对下一级的决策实体拥有资源配置权，某一个层次决策实体所拥有的林权客体都是下一层决策实体的共有资源。

2. 国家储备林林权分配机制

根据上述“林权科层概念模型”，国家储备林的分配机制包括赋权、初始分配和再分配。由于国家储备林的供给与投融资与国家储备林的赋权和初始分配相关，而林权的再分配机制只有在国家储备林林木资源建成后才能发生，因此，本书研究的国家储备林林权分配主要指林权的赋权和初始分配。

国家储备林的林权赋权，是指国家储备林林木资源在林权持有者之间被物理分割的方法，即按量分配，规定不同的林权主体可以得到的林木资源数量，通常用林木资源配额确定数量分配。林木资源配额应当由政府聘请有经验的专业咨询机构根据市场需求和本地的林木生产能力的综合函数确定。在国家储备林二级以下的林权分配中，可采取“投入配额”模式。在这种模式下，国家储备林的建设机构是由各个投资机构以股份合作制方式组建而成的，按各个投资机构的投入数量分配林木资源配额。采取“投入配额”模式将林权与投资比例挂钩，有利于国家储备林的投融资，有利于利用市场机制提高林木资源的使用效率。

三、国家储备林林权质量

（一）国家储备林林权质量的内涵

林权质量可以反映林权的整体性特征。林权质量可以理解为阿尔钦提出的“产权强度”。根据国家储备林的特征，主要从排他性、可让渡性、可分解性、持久性四个维度分析林权质量：排他性是指决定谁在特定方式下使用国家储备林的权利；可让渡性是指权利在不同林权主体之间让渡的程度和让渡的难易性；可分解性是指林权可以被分解的程度；持久性是指林权存在的时间。

林权质量的上述四个维度在社会施加的各种限制下而不同程度被弱化。弱化是指政府对产权施加一定的限制，原因在于个人使用权利时存在外溢性（埃格特森，2000）。林权被弱化的程度越低，该林权就越接近私人产权；反之，林权被弱化的程度越高，该林权就越接近公共物品。林权作为一个整体被弱化的程度减少，即政府或他人对林权的独占性限制很少，则可以说林权的质量得到了提高。

（二）林权质量的评估

林地的使用权和林木资产的使用权在我国有明确界定标准。如果我们采用财务核算的标准考虑，那么林地的使用权是无形资产，林木资产属于有形资产，林木使用权则属于消耗性生物资产。

国家林业局和国务院国资委曾经在 1997 年 2 月份国资办发〔1997〕16 号文件中强调，森林资源资产评估是森林资源资产作抵押或进行拍卖的根本依据（见《关于加强森林资源资产评估管理工作若干问题的通知》）；国家林业局和国务院国资委在 1996 年的国资办发〔1996〕59 号文（《森林资源资产评估技术规范（试行）》）之中规范和明确了林权。

实际上，在展开价值量评估之前必须展开森林资源资产实物量调查。第三方评估机构要认真地核算委托单位提交的资产的数量和质量清单，同时这个清单必须是有效森林资源资产清单。这个核算强调图面、账面和实地之间的相互证明，对于核查评价森林的资产人员的资质要求也不低，林业专业技术人员必须得到中级、高级技术职称，而且相关人员必须十分具有经验。森林质量和空间、林地或森林类型的数量、权属和位置都是森林资源资产核查的基本项目。使用权、地类、面积、立地质量和所有权则是森林资源核算的具体项目，甚至还包括地利等级和林地的等级以及林木种类。林木种类包括用材林、特种用途林、未成林造林地上的幼林、经济林、防护林、薪炭林以及竹林。

市场法、成本法和收益法均属于林权评估的基本方法。评估对象的不同则是林地资产评估的方法以及林木资产评估方法的根本差别点所在。同时，森林资源资产因评估的目的不同，所采用的评估标准和评估方法就可能不同，所得的结果也就不同。这是因为林权评估是为特定目的服务的。从某种角度看，森林资源资产评估是主观判定的，因外部环境的变化与技术因素、人文关注的影响而有所差异。森林资源资产评估的特殊性便在于此，即会随各种因素的变化而不断地演变。

四、国家储备林 PPP 供给的范围界定

西方财政学对准公共物品供给研究的重要结论是，把市场配置有效的产品交给市场供给，市场配置无效的产品由政府供给。根据这一理论，结合上述研究把国家储备林细分为四类，政府可以细化对国家储备林供给的宏观管理；将接近于公共物品特征的第四类国家储备林明确为政府投资的范围；将具有准公共物品特征的第二类、第三类国家储备林明确为政府与社会资本共同投资的范围，政府应制订切实可行的政策，提供优惠的引资条件和必要的投资或补贴，吸引社会资本与政府共同投资；将接近于私人物品的第一类国家储备林明确为社会资本的投资范围。

国家储备林上述供给范围的划分和不同投资者投资范围的界定是框架性的，在实际操作中，可根据具体情况进行调整，对于基本或完全能够回收成本的第四类国家储备林，若政府着眼于引进先进的管理经验和提高项目的运作效益，政府可以补偿部分成本和利润，引入社会资本参与这类国家储备林项目的开发和管理，此时国家储备林的供给方式含有“公私合作”的成分，确切地说，应该是公私合作管理。对于第二类、第三类国家储备林，尽管上文已明确为公私合作供给，但必须进一步界定公、私各自的供给范围。这与本书上述章节讨论的林权分配有关，其分配的一般原则是：将国家储备林中经营性林权分配给社会资本方，而将非经营性林权分配给政府或政府授权的机构，公、私机构原则上按各自所投资分摊份额承担各自投资责任。但这个投资分摊比例并不是绝对执行的，必须考虑企业经营该部分林权的收益率，如果在其经营的林权中，多样化用材或向木材价高的特殊地区供给的比例高，企业有较多的超额利润，则政府可以通过谈判或采用开发权招标方式，将部分公益性投资转移给企业承担。对于第一类国家储备林，其总体林权质量（值）和收益率水平高，不必将少量的公益性投资分摊给政府，而完全由社会资本方来承担该部分投资，关于这一点，政府可以将其作为开发招标的一项条款得以实现。

（一）国家储备林林权质量结构分析

根据对国家储备林林权结构的分析，国家储备林林权质量分为项目整体的林权质量、各个林权主体所持有的林权质量和林权各权项的单项林权质量三个层次。具体如图 5－1 所示。

（二）国家储备林林权质量经济学分析

本书运用公共物品理论对使用权中的各项林权在消费上的竞争性、供应上的排他性和外部性进行了详细具体的分析。图 5－2 清晰地反映了国家储备林各单项使用权质量的经济特性。

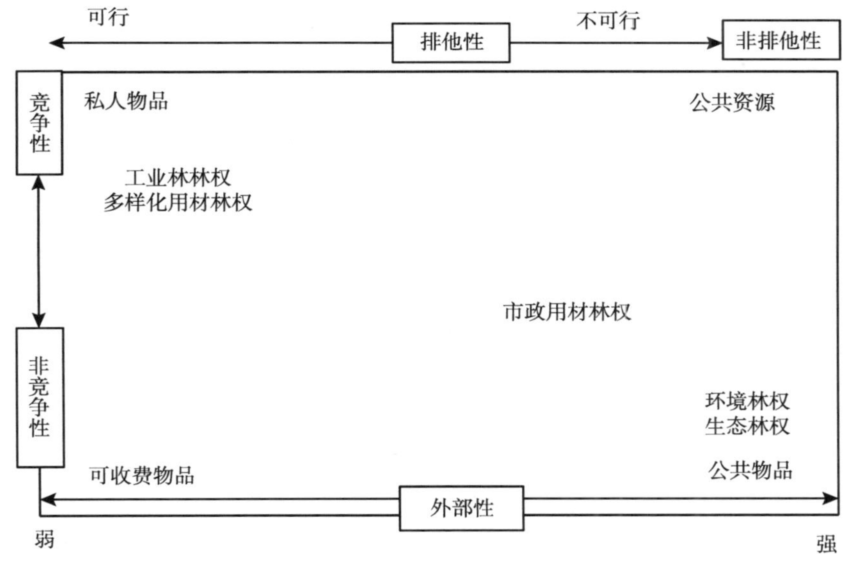

图 5－2　国家储备林经济学分析

根据上文对国家储备林林木使用权经济特性的初步分析，结合图 5－2 进一步分析国家储备林的各单项使用权质量的经济特征，具体特征如下：

1. 工业林林权

具有竞争性强、排他性高的特点，对于林权持有者而言是典型的私人物品，林权质量最高，宜采用市场方式分配林权。

2. 多样化用材林权

包括居民家居装饰和第三产业用木，在林权的使用和经营上排他性高、林权质量高、竞争性强，应采用市场方式分配林权。

3. 市政用材林权

主要指应用于城市园林绿化等市政设施的用材林权，具有一定的私人物品性质，但其排他性弱，受政府的规制，林权质量较低，林权分配主要依靠行政方式。但是随着公共事业民营化发展，政府正逐步放松管制，市政设施或代理主体逐步转变为股份制或私有企业，该部分林权质量将会有所提高，相应林权分配方式会逐渐转为市场为主、行政为辅。

4. 生态林权

森林具有调节气候、涵养水源、保持水土、防风固沙、改良土壤、减少污染、美化环境、保持生物多样性等多种功能，对改善生态环境、维护生态平衡，起着决定性的作用。它具有很强的外部性和非排他性，受益范围广，产权排他困难，不能明确地确定受益群体，因此生态林权的林权质量极低，具有纯公共物品属性，必须由政府使用和掌握，依靠行政方式分配。

通过以上分析可知，国家储备林各单项林权质量由高到低为工业林林权、多样化用材林权、市政用材林权和生态林权。

第六章
国家储备林 PPP 项目的供给模式

一、国家储备林 PPP 项目的利益相关者

国家储备林 PPP 项目的利益相关者主要有政府部门、林业企业、金融机构、化肥企业、消费者、科研机构、媒体、村委会和非政府组织。这些利益相关者在项目的利益相关者当中处于不同的维度。其中，关键参与者由政府部门、林业企业、金融机构和化肥企业组成，它们不仅仅具有积极参与国家储备林 PPP 项目供给的主动意愿，更拥有较多的直接利益，因此对它们应当进行更为直接的引导和激励，在国家储备林 PPP 项目供给组织结构设计中，要特别考虑它们之间的协作作用。消费者是国家储备林的服从型参与者，对国家储备林有直接的利益诉求，但是个体的影响力不足，为维护自己的权利，通常采取结盟的办法以增强自身话语权，对此类利益相关者应当通过信息公开等途径保障他们的知情权。

政府部门、林业企业、金融机构和化肥企业是国家储备林 PPP 项目供给的关键参与者，具有较高的利益需求和较大的影响力。它们具有积极参与国家储备林供给活动的主动意愿，为自己争取更多的权益，这几类关键参与者对国家储备林供给有着最直接、最关键的影响。国家储备林 PPP 项目供给主要是这几类利益相关者之间相互博弈的结果。特别是政府部门和林业企业之

间的博弈均衡对国家储备林的供给具有更大的影响。这类利益相关者的行为决策特别需要激励和引导。

消费者对于国家储备林 PPP 项目供给有较高的利益需求但是影响能力不足，属于服从型参与者，通常采取联盟的方式来获得自身的权益。应当充分维持与这类利益相关者的联系、关注这部分利益相关者的需求，避免他们采取一些非正常的、不合作的手段。可以向国家储备林提供及时、全面的政策法规、林业知识相关信息和国家储备林供给信息，保障消费者的知情权。

国家储备林 PPP 项目的背景型参与者由科研机构和媒体组成，它们的影响力一般由特定的场景所构成，如林业自然灾害的预防或者相关信息的发布等。要促使科研机构和媒体更积极参与国家储备林 PPP 项目供给，增强它们的影响力。

最后，非政府组织和村委会是群众型利益相关者，它们对国家储备林的影响力和利益关联度都不高，无须对它们投入更多的关注。

二、国家储备林供给方式的选择

国家储备林的有效供给取决于项目的补偿机制和供给机制。一般公共物品的供给方式主要有三种：一是政府采用公共方式供给，向公众无偿提供产品或服务；二是政府通过市场方式提供排他性强的准公共物品，由私人投资者直接作为产品或服务的供给者，消费者按照政府监管的价格购买；三是政府通过税收政策和价格政策将私人资本引入准公共物品的生产和服务领域，政府提供部分补贴，以及公私合作供给。与这三种供给方式相对应的补偿方式依次为：税收补偿、向使用者收费和这两种补偿方式的结合。综合对公共物品供给的研究成果，本书认为纯粹的公共方式供给或市场方式供给都不能实现准公共物品的有效供给，应根据资源优化配置原则，建立公共物品供给的多中心体制和互补机制，探寻政府和市场在公共物品供给领域的均衡点。《经济百科全书》指出：由于定价和获得经济回报的困难、递减的边际成本、高固定成本，大型公共项目不适合一般的市场投资分析。大型公共项目的建设还经常依靠政府的财力，私人投资的基础设施也需要有政府机构的管理，这种私人与公共投资的组合在某种程度上便负担起了对大型公共项目投资的责任。

因此，国家储备林应采取充分发挥公共部门和私人部门各自禀赋优势，根据资源优化配置、经济合理和交易成本最小化的原则建立国家储备林项目的供给机制，把那些市场配置有效的部分交给私人资本供给，政府在价格上给予补贴和授予私人一定的收费权；市场配置无效的部分由政府采取公共方式供给，但建设和运营管理委托给私人企业，即按照布坎南提出的“政府间接生产”概念组织准公共物品的供给。

三、国家储备林的风险分担机制

利益共享、风险共担是国家储备林 PPP 模式在应用过程中最为重要的部分，公私合作模式的核心也在于利益共享、风险共担。因此，在推动国家储备林项目之时所采取的 PPP 模式收益份额和风险分担原则必须得到严格的遵守。既要对建设过程中所存在的风险进行评估，也要对收益进行合理的分配。在此基础上，提出对可能存在的风险制定相应的风险分担原则。这要从三个方面进行分析：首先，风险应该交由建设项目中两者之间最有能力的一方来承担。其次，发生风险肯定会需要支出相应的成本，必须明确哪一方可花费较少，如果明确了哪一方消除风险会花费较少就交由其承担相应的成本。针对这一情况，必须要互相妥协和明确条款。最后，收益最大的一方在项目建设过程中也应当承受一定的风险，但双方可共同承担一些不可抵抗的风险。

为确保项目建设的质量，政府部门对国家储备林进行建设的过程中应用 PPP 项目还必须加强监管。若社会资本企业全权负责项目建设以及维护工作，那么政府必须在合同中明确树种、数量和成活率等指标，通过细节方面的把关方能切实地保障建设项目的质量，真正发挥出国家储备林建设的效果。在国家储备林建设过程中还需要选择合适的 PPP 项目以将其应用价值真正发挥出来，从以往经验看，PPP 项目在重大公共项目和基础设施建设中有着较为显著的作用，但这有个前提和原则，即政府一方面要加强监督和管理，另一方面项目各方也要遵循共同承担风险和受益与风险对称的准则，最终达到推动国家储备林项目顺利展开的目的。

为及时控制风险对项目造成的负面影响，可考虑把风险的受害者划为风险的承担方，这是因为若自身利益受到了损害人们会更有积极性去应对风险造成的损坏。受害者防范和控制风险的效率会因此较高，那么风险则主要由这一方来负责承担，当然对双方均有影响的风险因素，在签订合同的时候应该通过具体条款来明确落实。

在上一章分析的基础上，本书讨论选取的 37 个风险因素导致的后果和它们的影响对象。值得注意的是，在表 6 - 1 中，假设国家储备林采取的是 BOT 模式，因为在实践中，BOT 模式也是国家储备林 PPP 模式中较为常见的。在此种模式下，社会资本方负责营林项目的建设、融资和管理。

表 6 - 1　　风险后果及其影响对象

（用“S. C 代表社会资本方，用“G”代表政府）

序号	风险因素	风险后果	影响对象
1	公职人员寻租	增加了前期成本，可能影响营林质量	S. C
2	行政干预	林木的种植效率降低，木材可能不符合市场需求	S. C
3	国有化	社会资本投资方终止项目	S. C
4	政府不履行合同	耽搁项目进度、导致项目终止	S. C
5	其他参与方违约	营林成本增加，项目延期	S. C
6	公众压力	营林项目可能终止，合同条约需要修改	S. C
7	法律法规缺位	无法妥善解决争端，增加了协调难度	S. C
8	法规的变更	成本增加、合同条款的修改	S. C
9	利率浮动	增加融资的难度	S. C
10	外汇汇率	木材的出口、进口成本增加	S. C
11	CPI 上涨	营林所需的原材料价格上涨，项目成本增加	S. C
12	审批时间长	项目延期、前期成本增加	S. C
13	林地征地	征地困难，时间、经济成本增加	S. C

续表

序号	风险因素	风险后果	影响对象
14	审批时间长	项目延期，沟通成本增加	S. C
15	合同文件冲突/不完备	可能引起营林项目合作方之间的冲突和矛盾，引起项目终止	S. C/G
16	融资	融资困难可能引起现金流断裂	S. C
17	营林项目变更	成本增加、营林项目延期	S. C
18	营林成本超支	营林期限过长造成成本超支，可能影响木材质量	S. C
19	供应不足	营林项目延长	S. C
20	技术不成熟	木材质量降低	S. C
21	自然条件恶劣	木材质量降低、营林期延长	S. C
22	造林成本过高	利润降低、项目成本低	S. C
23	新建营林项目竞争	营林现金流减少	S. C
24	木材需求市场变动	营林利润可能低于预期	S. C
25	费用变更	现金流减少	S. C
26	费用支付风险	可能导致现金流断裂	S. C
27	基础设施缺位	营林项目的建设时间增加	S. C
28	设备折旧	营林项目交付政府后无法持续运行	S. C
29	不公正的招标	中标的营林供应商缺乏相应资质	G
30	人员素质	营林项目经营不善和木材质量降低	G
31	不可抗力	可能导致营林项目终止、项目运营困难	G
32	沟通协调困难	项目的管理成本增加	S. C
33	税法变革	可能导致营林运营成本增加	S. C/G
34	环保约束	可能导致营林运营成本增加、规划设计改动	S. C
35	投资方变动	可能造成资本机构发生变动、导致项目成本增加	S. C
36	测算方法不客观	现金流减少，收入和利润低于预期	S. C
37	资金监管缺位	财务管理漏洞较大、融资成本高，影响项目正常运转	G

四、国家储备林的投资组织结构设计

（一）投资国家储备林的四种类型

在国家储备林公私合作供给的方式下，投资者主要是社会资本和政府。政府投资的主要目的是获取公益性林权、向社会提供必需的环境、生态用材。因此，政府关注的焦点是国家储备林的分配方式，即获得与公益投资比例相对应的公益性林权，而国家储备林项目资金流量的控制、项目的直接经营管理、资产拥有形式等对政府而言则处于比较次要的地位。这是由政府的职能所决定的。

根据上文对影响投资组织结构选择的因素分析成果，本书将社会资本投资国家储备林项目的目标归纳为下述三种类型。

（1）盈利—风险隔离型。即社会资本方不谋求直接拥有国家储备林的经营管理决策权和项目资产，而以盈利为投资的主要目标，只愿承担投资的有限风险和责任。这类投资者通常是非本行业的企业或其他经济组织。

（2）盈利—风险型。即社会资本方以直接拥有国家储备林的经营管理决策权、税务优惠以及项目资产为目标。社会资本方将盈利作为主要目标，可能承担投资的无限连带责任和风险。

（3）产品—经营型。即民间投资者以获取一定数量的林木资源产品及相应的经营权为主要目标，追求利润则是其间接目标，这类投资者不太关注投资的责任和风险，而是谋求国家储备林的经营决策权和对现金流量的控制，关注产品的分配方式和项目资产的拥有形式。

（二）盈利—风险隔离型的投资组织结构设计

本书将此种类型的国家储备林项目的投资组织结构设计成以项目公司为

基础的契约型合资结构，如图 6－1 所示。

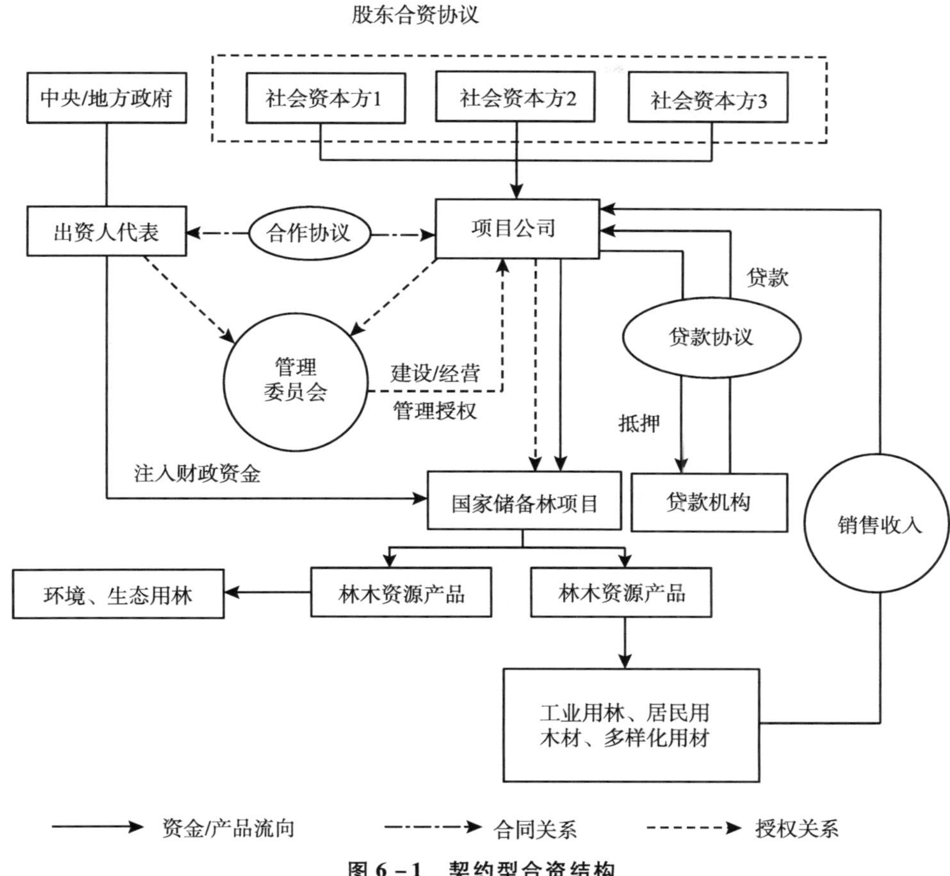

图 6－1　契约型合资结构

这种投资结构包括两个层次：第一层次是由项目公司（社会资本方）与政府组成的契约型合资结构。项目公司承担的是经营性国家储备林投资，政府承担的是公益性国家储备林投资。第二层次是由若干民间投资者（社会资本方）组建的项目公司。参加项目公司的各民间投资者（社会资本方）在协商基础上按一定比例投入股本资金，按各自投资额对项目公司产生有限责任，并以此分享公司或项目的经营利润，民间投资者（社会资本方）在一定程度上实现了项目风险隔离。

（三）盈利—风险型国家储备林投资组织结构设计

本书将此种类型国家储备林投资结构设计成为有限合伙制结构，如图 6－2 所示。

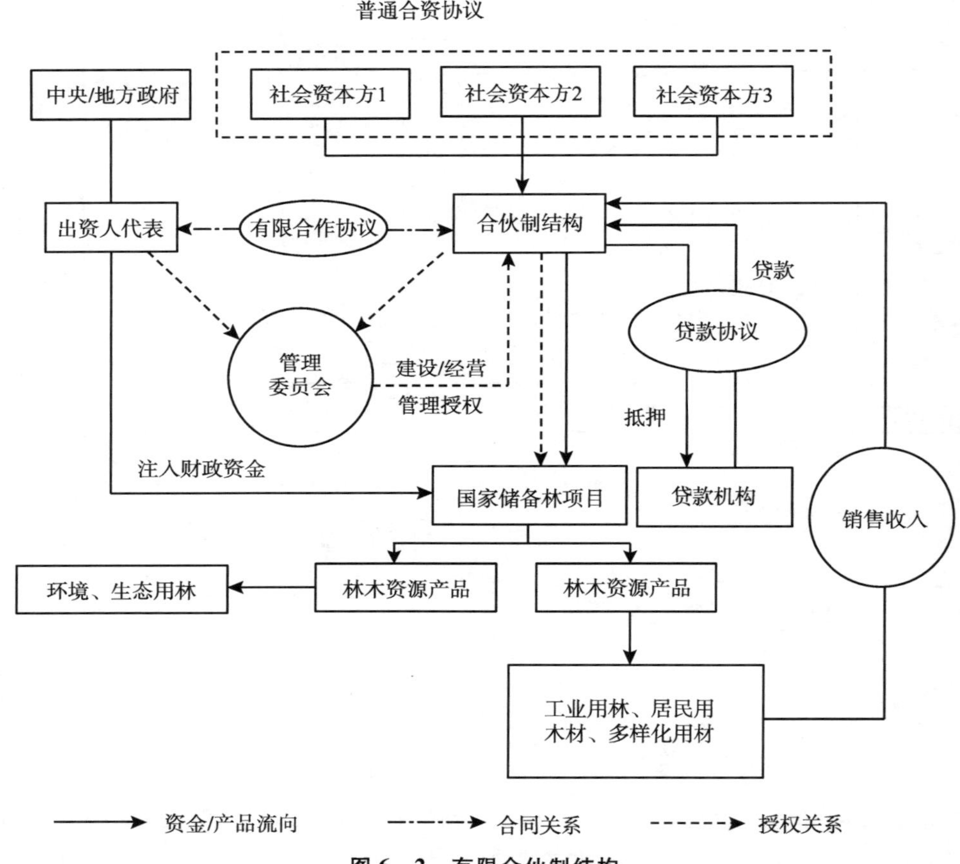

图 6－2　有限合伙制结构

在国家储备林有限合伙制结构中，政府承担国家储备林的公益性投资和与之相应的有限责任。但政府只是有限合伙人，不参与国家储备林的日常经营管理，而是通过政府的实际投资行为和政策引导社会资本参与具有准公益性特征的国家储备林投资建设。这既是政府的职能，也与有限合伙制结构特点密切相关。

（四）产品—经营型国家储备林项目投资组织结构设计

本书将此种类型国家储备林投资结构设计成为契约性质的合作结构，如图 6－3 所示。

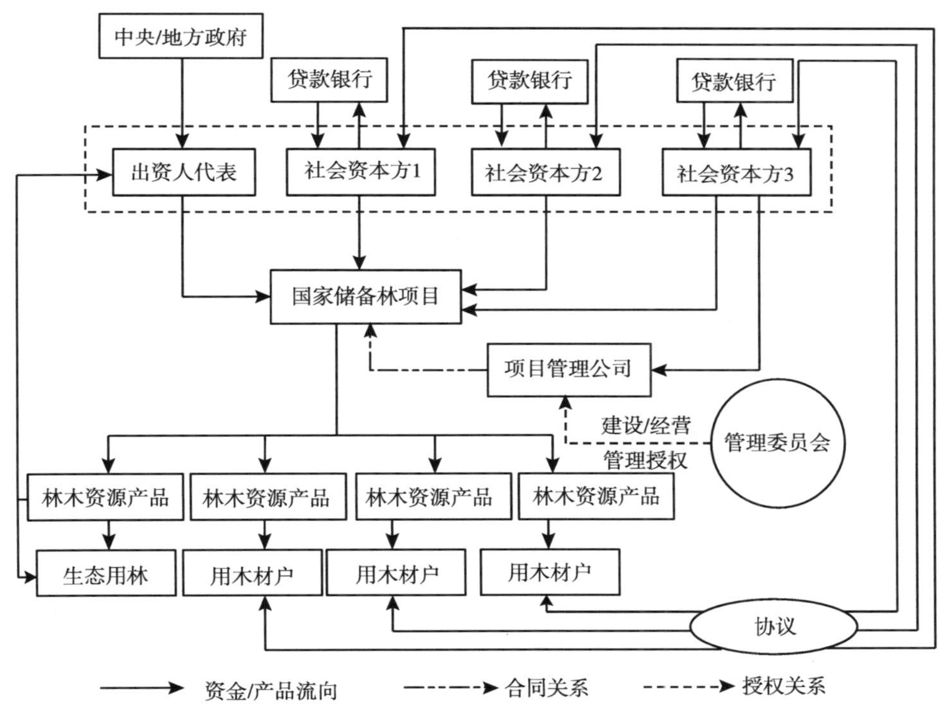

图 6－3　契约性质的合作结构

在图 6－3 所示的投资结构中，各投资者和政府派出代表所成立的管理委员会是最高决策机构，负责国家储备林建设、管理中重大问题的决策。管理委员会将国家储备林的日常管理授权给一家具有国家储备林运营管理经验、社会资本出资成立的项目管理公司。

第七章
国家储备林公私合作的实证

一、广西国有区直林场国家储备林项目

（一）项目概况

1. 广西林业发展概况

多年来，广西非常重视绿色文化的建设，对生态森林的建设大力支持。“山清水秀地干净”是对广西进行生态建设最明确和清晰的描述。广西为构筑绿色生态屏障、维护国家生态安全作出了积极贡献。目前，广西已经实现了由生态大省成功实现向生态强省的跨越：不但速丰林和人工林面积常年处于全国领头羊位置，而且石漠化综合治理成效已名列全国首位。目前广西各项指标位于全国第一位的有：年木材产量、森林蓄积年净增量以及森林年生长量。广西各项指标位于全国前列的有：植被生态质量和植被生态改善程度。具体成效主要体现在以下几个方面：

（1）森林蓄积量、森林面积均实现增长。广西的木材产量在1950年只有1.66万立方米。到1999年广西充分利用良好的亚热带气候，发展以桉、松、杉为主的速生丰产用材林，取得了显著的成效。广西还于2002年4月出

台了《关于加快我区速生丰产林发展的意见》。广西提出要全力推动发展工业原料林，为此，广西将国有林业企业、国有林场作为建设国家储备林的主体，将专业化、集群化和现代化为特征，形成了股份合作企业、林浆企业、国有林场、农户个体、人造板企业、家庭林场竞相投资发展人工林的大好局面。

2012 年以来，国家重点造林工程，如沿海防护林、珠江防护林、石漠化综合治理退耕还林在广西全面展开建设，优质森林资源得以大力培育。广西在 2018 年以约占全国 5% 的林地生产出了产量占比超过全国 40% 的木材，在 2018 年的木材产量达 3175 万立方米，成长为全国规模最大的木材生产基地。广西的木材生产对国家木材安全形成了有力的保障。

与此同时，广西木材加工业与森林资源实现了同步快速和持续增长。1950 年，全区森林面积仅有 5685 万亩，但到了 2018 年 12 月，广西森林面积飞速、成倍增加，森林面积在全国的排名不断靠前并名列第 6 位，总面积达到 2.22 亿亩。与此同时，森林面积增加必然也带来了木材蓄积量的快速递增。1950 年，全区活立木蓄积量为 1.65 亿立方米，到了 2018 年 12 月广西拥有了 7.75 亿立方米的活立木蓄积量，这相当于每人拥有的木材达到了 15.7 立方米。可见，广西的确实现了“生态立区，绿色崛起”，更是跻身全国森林面积和森林蓄积量实现双增的省（区），这可从全国连续多期森林资源清查中得到证实。

（2）生态效益与产业发展双赢。广西的石漠化得到了有效遏制，实现了荒山绿化与农民脱贫的双丰收。与 2011 年相比，广西石漠化土地减少得非常快，治理成效位于全国首位，而且减少的石漠化土地均转化为农田和林地，进一步惠及了广大农民。

作为考核生态广西绿色发展的重要考核指标，石漠化治理工程和相关资金在全区石漠化严重地区全面铺开。作为林业重点生态工程的石漠化综合治理，在广西各级林业主管部门推动下有效实施。岩溶地区生态环境在林业重点生态工程项目（新一轮退耕还林、珠江防护林、森林生态效益补偿）的推动下得到了显著改善。

多种混交造林模式在石漠化治理中得以脱颖而出。比如中草药加农作物模式、木材加粮食模式。通过这种探索，不但增加了农民的收入、增强了种植种类的多元化还提高了治理水平。通过保护山林和封闭大山、加强人工林建设、推动森林培育和减少农田、加强对森林的保护、建设农村沼气池以及加强生态的建设和补偿，治理的各项方针得以积极全面地在林业建设和推广石漠化治理之中推广。100 多个治理示范点相继建成，从而辐射带动 100 多个治理示范点。2011 ~ 2019 年，广西林草植被面积在全区岩溶地区得到了快速增长，极大改善了当地生态。广西虽存在着退化的土地，但是改善的土地类型面积是退化型土地面积的 7 倍，生态修复效率很高，生态修复面积不断扩大。广西在石漠化治理后的岩溶地生态状况更上一个台阶。

广西在保护生态环境的同时还能通过林业产业发展经济，这与石漠化综合治理过程中生态治理与发展林业产业、岩溶地区有限的土地资源的有效利用、石漠化林业特色产业的专业化、规模化及其发展和壮大，具有紧密的关系。比如，马山县古零镇弄拉屯当地森林旅游业快速发展，人均纯收入超过 6000 元，这与当地实施“山顶林、山腰竹、山脚药、平地粮、低洼桑”的多维度、全方位的林业发展情况有直接的关系。2015 年该镇森林旅游项目在意大利米兰世博会中国馆农业综合案例展全程展出，引起了轰动。河池市核桃产业在华南地区规模最大，该市核桃种植面积超过 17 万公顷，采取整市推进，效果非常理想。大新县接待游客人数年增长 20% 以上，这是该县石山生态环境恢复建设和旅游资源开发与协调发展的必然结果，石山生态旅游开发带动当地农民增收效果非常明显。

广西木材加工产业产值在 2018 年占全区工业总产值的 11.5%，产值达 2395 亿元；广西还拥有超过 5300 万亩林下经济发展面积；林业产业惠及林农 1500 多万人，总产值高达 5628 亿元。如今，林业已成为广西县域经济发展的新增长点，丰富的木材资源奠定了“千亿元产业”造纸与木材加工业基础。

（3）广西林业实现了稳步增长与结构优化同步。通过加强林业产业链的供给体系、延长产业链提高产品的科技含量和竞争力，广西木材的供应链因此得到了快速发展。在供给方面，广西通过林业的供给侧改革，一方面实现了数量和规模增长；另一方面实现了质量的优化和结构的提升，从而实现了各项指标的稳步协调发展与同步发展。广西林业的发展因此一直是十分稳健的，10 多年来，广西的林业总产值年增长率均高于全国的平均水平。人造板行业是广西林业的领头产业。多年以来，为了消除产能过剩和实现结构优化，广西人造板行业有序开展了企业的合并与兼并，优质的产品数量与质量不断涌现，落后的产品和厂家逐渐被市场淘汰。2018 年，广西拥有将近 1700 家人造板企业，家具企业达到了约 60 家。广西人造板企业生产的系列产品合格率均在优秀以上，多家人造板民营企业是行业内的标杆并拥有高科技流水线，它们的产品在广西、全国乃至世界均拥有很高的影响力。广西充分利用优势顺势而上，退出了森林旅游、湿地公园、自然保护区旅游、花卉苗木观光基地以及森林养生基地，推动南宁、柳州、桂林、贺州等地的旅游。实现了生态旅游与经济发展以及生态建设之间的共荣共享和互相转换，为广西的生态建设与旅游添砖加瓦。2018 年广西森林旅游接近的人数达到了 1.1 亿人次，收入也屡创新高，打破历史纪录，广西因此成为全国最为重要的旅游发展与大健康产业建设基地。

（4）广西林业发展趋势。广西下一步将在量的基础上实现质的飞跃，发展绿色的高科技生态产业。《广西万亿元林业绿色产业高质量发展行动方案（2018～2022 年）》已经正式出台实施，该文件强调要用绿色产业体系代替过去的粗放型发展模式，用几年时间打造广西集约、高科技、绿色链条齐备，布局错位有序，经济效益、生态效益以及社会效益都十分良好的林业产业体系。具体措施有：打造多个林下经济示范基地（100 个以上），而且发展面积要达到 6000 万亩；大力推动建设各类森林公园（50 个以上）、森林大健康产业（20 个以上）、森林民宿和森林人家（20 家以上）。计划要在 2022 年使绿色产业成为广西的支柱型产业，带动全广西经济社会发展。

2. 广西国家储备林项目建设情况

《国家木材战略储备生产基地规划（2011～2020 年）》于 2011 年由广西最早编制完成并实施。2015 年，国家开发银行与广西签订国家储备林基地建设贷款合作协议，广西因此成为利用政策性贷款建设全国第一批试点省区。按照《广西壮族自治区国家木材战略储备生产基地规划（2011～2020 年）》的要求，预期至 2020 年，基地可生产达 7000 万立方米木材，建设 1.7 亿立方米活立木总蓄积量，并增加 1.2 亿立方米的净森林蓄积量，约占全国“双增”目标中森林蓄积量的 10%。基地稳产后，增量商品材产量将超过 2000 万立方米，年生产商品材可达 4200 万立方米。广西规划建设的国家储备林面积全国第一，是其他几个省份的总和。广西到目前完成国家储备林建设任务达 450 万亩，共投入资金 42 亿元，均处于全国首位。一方面，广西的国家储备林项目不仅在于促进林业产业发展更是用于支持广西油茶“双千”计划实施，及配套建设林下经济、木材精深加工、森林康养等，促进林业产业发展；另一方面，还促进生态文明建设，以及以培育高质量森林资源为主的国储林项目建设，大幅提升了森林质量，科学诠释了“绿水青山就是金山银山”。此外，该项目还助力脱贫攻坚，通过劳务收入、林地租金、合作经营等措施，助力林区群众增收脱贫致富。

同时，广西是全国第一批国家储备林基地建设试点省区之一，反映在商品林产量、人工林和速丰林面积全国最大等指标上。2015～2020 年，广西任务量居全国首位：投资 280 亿元，其中一期项目规模 50 万公顷，融资需求 100 亿元以上。广西计划建设的国家储备林是全国的 1/7，面积规模巨大，影响面很广。此外，广西构建了“统贷统还、融资担保、契约管理、按期还款”的资金管理方式，推动了国家储备林项目的投融资机制，如引入开发性金融信贷进行国家储备林基地建设。这对于国家储备林建设的全面推进具有重大的推广价值与示范效应。

广西国家储备林项目目前的贷款银行是国家开发银行，借款人（投融资主体）是广西林业集团有限公司；用款人（共同借款人）在项目一期为广西国控林业投资股份有限公司、自治区直属国有林场以及广西林业集团有限公司，项目二期为县（市、区）人民政府指定的负责项目贷款资金承接和组织项目实施的全资国有企业。国有林场、林业合作社、林业企业、大户、林农等可通过与用款人合作方式参与项目建设。

根据广西壮族自治区人民政府与国开行达成的协议，广西国家储备林项目的贷款总额达 300 亿元（各县贷款金额据各子项目确定）。其中，贷款期限为 25 年（前 8 年为宽限期，宽限期内付息不还本）；贷款利率为基准利率；贷款用途明确为专项用于国家储备林项目及相关配套设施建设。贷款用于现有林改培、集约人工林栽培、补植补造及配套建设基础设施以及森林抚育等资源监测体系、营造林体系与支撑体系。除了这三大体系外，贷款还用于林业扶贫工程和优质林分流转等，比如林区周边村屯水电路等基础设施建设以及油茶等经济林扶贫工程。

在项目组织管理方面，通过建立国家储备林项目厅际联席会议制度，由广西壮族自治区林业局领导和组织项目实施，国家开发银行广西分行提供开发性金融信贷支持，广西林业集团为自治区人民政府指定的项目投融资主体和统贷统还平台。

从广西的实践操作看，广西国家储备林项目贷款主要模式可分为以下几种：

第一是林权抵押模式。项目用款人用自身拥有的林权抵押给国家开发银行，申请国储林项目贷款。操作步骤主要有：项目县政府明确本县内国储林项目建设实施单位（用款人，全资国有企业）→用款人编制国储林项目实施方案，并逐级报批报备→完成项目行政审批，包括扶贫认定等→用款人开展林权价值评估→用款人将贷款申报材料报国家开发银行广西分行和广西林业集团审查→国家开发银行广西分行、广西林业集团、项目用款人三方签订国储林项目借款合同，抵押人与国家开发银行广西分行签订《林权抵押合同》，并办理抵押登记→项目用款人与借款人广西林业集团签订《借款人协议书》→落实后续细节事项后提款，实施国储林项目建设。

第二是广西林业集团国储林建设模式。广西林业集团作为自治区直属国有独资企业，在努力承担利用国家开发银行贷款建设广西国家储备林项目唯一投融资主体和统贷统还平台的同时，作为实施主体自身承担着200余万亩建设任务，将履行企业社会责任，坚持合作共建、平等协商、相互促进原则，积极支持各地推进国家储备林项目建设，促进广西林业产业发展、脱贫攻坚和生态文明建设，主要采取股权合作、林地林木资产流转等多种务实模式开展国储林项目合作。

第三是股权合作模式。县级政府指定国有林场（或国有公司）为出资方，林业集团指定全资子公司为出资方，双方共同出资在项目所在地成立合资公司，共同经营国有林场商品林地，建成国储林示范基地，并以国有林场商品林地经营为基地，向县域内集体林地扩张，做大做优国储林项目，进而向林业二三产业发展，将合资公司建成当地最具规模与发展潜力的现代林业企业。

第四是林地、林木资产流转模式。地方政府同意将国有林场的林地、林木资源对外发包（出租）经营，广西林业集团流转国有林场商品林木资产并取得林地使用权（经营权）。林业企业、林业大户将合法拥有的林木资产（办有林权证或能办林权证）及商品林地使用权，经公正评估充分协商，将林权流转到林业集团。林业集团子公司以流转的林地林木资产为切入点，在县域内外整合集体林地林木资源，做大做强国储林项目，带动当地林业提质发展。

第五是 PPP 协议质押模式。即项目县通过 PPP 方式开展国储林项目建设，由县政府方与社会资本方成立项目公司，承担国储林项目的设计、建设、运营等。项目公司将 PPP 协议项下应收账款质押给国家开发银行，申请储备林贷款。主要操作步骤有：项目县政府方编制项目建议书，逐级报批报备→编制项目可行性研究报告，按 PPP 流程完成物有所值评价、财政承受能力论证、PPP 实施方案及相关批复等程序，纳入 PPP 项目库→政府方与社会资本方合资成立项目公司，作为项目县用款人→完成项目行政审批，包括建议书批复、可研批复、用地、环评、扶贫认定等→项目公司将贷款申报材料报国家开发银行广西分行、广西林业集团审查→签订借款合同和质押协议，办理质押登记→发放贷款，建设国储林项目。

（二）广西国家储备林林权质量和公私合作分析

1. 林权质量

国家储备林的林木资源主要用于工业林、多样化用材林，只有少量用于市政用材林以及生态和环境保护。根据前文分析，工业林林权具有竞争性强、排他性高的特点；多样化用材林权包括居民家居装饰和第三产业用木，在林权的使用和经营上排他性高。因此，以上两种类型的用材林权质量高、竞争性强，应采用市场方式分配林权。市政用材林权，主要指应用于城市园林绿化等市政设施的用材林权，具有一定的私人物品性质，但其排他性弱，受政府的规制；生态林权对改善生态环境、维护生态平衡起着决定性的作用。因此，市政用材林、生态林林权质量较低，由政府使用和掌握，依靠行政方式分配。具体情况见表 7－1。

表 7－1 广西国家储备林项目林权质量表

林权内容	林权质量
工业林林权	最高
多样化用材林林权	高
市政用材林林权	较高
生态林权	低

2. 广西国家储备林林权质量分析

第一，广西地区国家储备林高质量林权的基础在于林木资源的高稀缺程度。2015 年，广西人造板生产能力达 1500 万立方米，全区的木竹浆生产能力达 500 万吨，年木材消耗量达 4000 万立方米。一方面，广西木材市场需求随着价格的上涨而得到了进一步刺激，这与林浆纸、木材加工业的迅速发展关系密切。近两年房地产市场的逐渐升温，进一步增强了林木资源的稀缺程度。林木资源的严重稀缺必然会增强不同地区、部门对于木材需求的竞争性程度，林木资源的财产属性不断增强。另一方面，南宁、柳州和桂林以及广西北部湾经济区经济发展迅速，地方财政充裕，固定资产投资能力很强，具备了很强的购买林权的能力。此外，由于地方经济发展，居民生活水平得到较大提升，能够承受起全面反映社会成本的木材市场价格。这些原因决定了广西地区国家储备林的林权质量较高。

第二，根据对国家储备林林权的分析，国家储备林项目的林权主要掌握在广西十三家国有区直林场，由其进行投融资和经营管理。由于十三家国有区直林场属于差额拨款、独立经营核算并且实行企业化运作的事业单位，因此属于半私有林权。该林权是一个权利束，包括提取权、配置权、受益权。对其林权的特征从排他性、可让渡性、可分解性和持久性四个维度分析，广西地区国家储备林的林权质量较高。

第三，国家储备林的林权从性质上分析，也决定了其林权质量较高。由于国家储备林木材除了用于满足本地居民基本木材需求之外，主要用于生产用材、多样化生活用材，用材户的异质性很大，林权的竞争性、排他性均很强，因此林权质量较高。

第四，国家储备林林权的有效期与特许权期一致，也提高了其林权质量。在广西壮族自治区人民政府的特许协议中，政府赋予国家储备林与特许期限一致的经营许可，并保证其许可一直有效。这也进一步提高了其林权质量。

3. 广西国家储备林项目的公私合作模式与风险分担

（1）模式。广西国家储备林项目应用公私合作模式成功验证了本书理论分析的成果。国家储备林具有准公共物品特征，根据资源优化配置、经济合理性和交易成本最小化的原则，林权质量较高的项目实践中可考虑采取公私合作供给机制。

因此，属于第一类、第二类和第三类国家储备林项目，社会资本参与相关项目投资能获得预期的经济收益率，这类国家储备林基本接近于私人物品，可用市场方式实现国家储备林的开发。政府一般应采用传统的建设—运营—转让的公私合作模式，由社会资本方逐渐增加其投资、建设和经营的风险，政府通过安排项目的排他性特许经营权、从项目投资的主体逐渐转为给予项目一定数量的从属性贷款或提供适当的信用担保为项目提供支持。

实践中，广西的国家储备林项目中采取了以政府财政资金供给为主，政府提供一定的担保或税收优惠的公私合作运营模式。项目中为数不多的生态林项目也完全由政府委托林场，以政府补贴或购买的模式进行投资。

（2）风险分担机制。从国家储备林的 PPP 项目的统贷机制方面看，广西由自治区人民政府统一规划、统一审批、统贷统还，优先支持 13 家国有林场，从而保障了资金的贷款安全；此外，广西还构建了多元化的增信机制，包括有：风险准备金、国有林权抵押流转机制、森林保险（建设范围、保额）“全覆盖”、采伐证和统一交易管理；为保证项目的顺利实施，广西还制定了国家储备林管理机制：如科学造林模型、三级检查验收机制、明确各方权责利和风险共担措施。国有大型企业广西林业集团（承贷主体）作为广西国家储备林 PPP 项目的借款人；用款人则为自治区 13 家直属林场和 2 家国有林业企业，有利于进一步规范资金的使用；此外，对于贷款额度和期限也有详细的规定，其中中长期贷款限额为 100 亿元，期限 27 年（含宽限期 8 年），超过世界银行、欧洲投资银行 20 ~ 25 年林业项目贷款期。这充分体现了贷款项目特征符合林业行业属性；此外政府对还款来源也进行了具体规定，即项目现金流（木材采伐收入）合计226亿元；在信用结构方面，最大担保能力为174亿元而且以林权抵押担保为主；还采取能够有效覆盖贷款本息的风险准备金制度；实施政策险和商业险相结合的林业综合保险，有效覆盖贷款的全额本息；最后，采取“中央补助一点，地方配套一点，自己投入一点，银行借贷一点”的办法来推进国家储备林基地建设。通过部委引领、地方增信、银行融资、市场运作，构建“风险准备金＋林权抵押＋林业保险”风险防范机制，将零散项目集中化、风险资金池多元化、增信措施叠加化。

4. 广西国家储备林项目组织结构分析

广西国家储备林项目组织结构如图7－1所示。

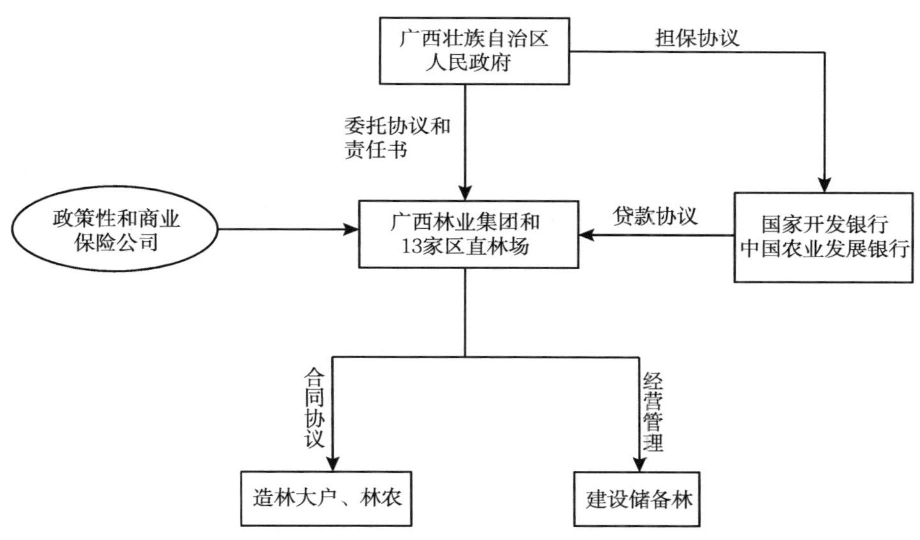

图7－1　广西国家储备林项目组织结构

（1）项目发起人。广西壮族自治区人民政府是国家储备林项目的发起人，赋予了国家储备林项目较高的生态效益、经济效益和社会效益目标。广西代表在2011年全国两会上提议在广西率先建设全国木材战略储备核心基地并由国家设立专项资金的提案。2012年，《广西壮族自治区国家木材战略储备生产基地规划（2011～2020年）》开始公布实施，自治区人民政府、国家发改委和国家林业局和对该项目高度重视。国家储备林建设重要性在自治区党委、人民政府各会议中均被多次提出和强调。作为促进农民增收、建设“美丽广西”和推进广西生态文明建设的重要途径，把广西打造成为全国木材战略核心储备基地的目标在自治区第十次党代会上被明确提出。为争取国家对广西建设国家储备林的支持，自治区党政主要领导在2013年底亲自率队到国家林业局汇报。2015年作为全国第一个“吃螃蟹”的省区，首先利用了国家开发银行的贷款，展开了大规模的国家储备林建设。包括自治区党委书记和自治区主席在内的各级党政领导，对国家储备林项目在广西的实施非常关心，对项目投融资和项目推动情况十分关注。自治区领导主持召开相关部门的协调会以深入了解项目推进情况，目的在于研究谈论如何对项目进行融资，如何进行地方配套，如何进行资金的管理，以安全保障国家储备林项目的顺利开展。由上可见，广西已经展现出全社会关心爱护国家储备林项目、各级党委政府全力推动国家储备林项目的综合、立体、多方位项目管理格局。

解决木材结构性矛盾和增加森林蓄积最有效、最直接的途径是通过规模化、集约化和科学化培育经营管理，再辅以高技术、高投入与多养护的方式，就能培育出大径材林以及发展珍贵树种。这不仅有利于进一步提升广西“山清水秀生态美”的生态优势，还能全面优化广西树种结构、增加树种多元化，同时，还能够提高广西森林的生态能力和生态水平。此外，人工林、速丰桉和商品林最大的基地也在广西，广西向全国提供了约35%的木材。广西在过去的十年间，木材采伐量是老牌木材产区东北三省总和的1.5倍，占全国总量的1/7，并稳居全国第一。可见，无论是生态效益角度还是经济效益角度，广西国家储备林均作出了重要贡献。项目建成后，项目总收入3567.07亿元、利润1961.45亿元，可增加薪炭材1051万吨、木材3.1亿立方米，项目每年产生的森林生态服务价值达625.8亿元。从社会效益角度看，项目可安排6.33万个劳动力就业、可提供1584万个工日。林农可通过林业租赁获得租金6.86亿元、通过参与基地造林建设投工投劳创收可达17.42亿元。

（2）项目投资人。国家开发银行已于2015年9月率先为广西储备林项目统贷平台——广西林业集团授信100亿元，用于林业集团和13家区直林场建设一期项目，造林规模为750万亩，投放信贷资金14.68亿元，累计签订广西地区国家储备林基地项目合同16.13亿元，覆盖自治区内29个连片特殊困难地区，支持14个地市、72个县区。国家开发银行同时积极推动制定项目管理办法和贷款资金管理办法，明确国家林业局、广西林业厅、国家开发银行、借用款人等各方权利义务和借用管还关系。该项目的成功实施将促进储备林项目实现专业化、标准化建设运营。与国家开发银行的成功合作，为广西开辟了风险准备金出资和政府增信新途径，有力地推动了储备林建设。

风险准备金是国家开发银行风控措施的首道防火线，是强化地方财政增信的主要手段，用于项目单位当期贷款本息无法偿还时的优先追偿。在财力有限的情况下，自治区人民政府决定将广西林业集团作为融资平台，项目贷款风险准备金则从自治区直属的13家林场编入部门预算的经营收入中安排。广西林业集团的省级国有独资背景及共享省级政府信用，加上广西林业主管部门从实施的4期世界银行贷款项目中获得的丰富管理经验，为金融机构顺利放贷吃下了定心丸。

广西还统筹整合中央、地方财政造林补贴资金，2015年共整合1.3亿元，后期将努力整合7.37亿元，同时自治区连续多年配套安排资金近4000万元，另20%的项目单位项目资本金自筹比例减少到14%，并且充分利用好政策性森林保险扶持资金和贷款贴息的优势，为国家储备林项目林木资源购买足额政策性保险，基本实现全覆盖。融合林业外资贷款资金，利用欧洲投资银行3000万欧元贷款，用于全区20个国家储备林规划县（单位）珍稀优质用材林经营。

（3）项目实施主体。2015年的国家储备林项目涉及13个区直林场、14个地市72个县和2个国有企业，以13家直属国有林场等为主要实施单位。各个项目实施单位都拥有自身经济利益与独立法人地位，其中13家区直国有林场拥有大片林地与丰富的植树造林与护林经验，属于差额拨款事业单位。在市场经济条件下，13家区直国有林场在保障基本的森林生态环境功能基础上，追求本单位经济效益的最大化。

广西林业集团既要承建244万亩国家储备林基地还要推动全区国储林项目的全面实施。为此，广西林业集团联合13家区直国有林场承担国家储备林基地建设主体和排头兵。以广西国有七坡林场为例，该场2009年种有一片面积 2667 亩的尾巨桉人工单层纯林，2014 年间伐后保留尾巨桉 43 株，同年底套种乡土珍贵树种如米老排、火力楠、红椎等，每亩补植 55 株。到 2018 年，只有“4 岁”的珍贵树种已经长到三个成年人高，“A4 腰”“10 楼高”的尾巨桉非常普遍。这片混交林仅桉树亩产值就达 1.7 万元以上，并且已经纳入国家储备林项目。此外，还需要计算两项效益：第一是间伐后套种新树的蓄积价值；第二是头轮间伐一半桉树的到手现款。通过“延长周期、优化结构、混交套种”近自然化经营森林的模式，广西七坡林场的树木经营展现了桉树从“速生”迈向“优质”的新发展的趋势。该场从 2017 年开始成为广西乃至全国国家储备林项目推广学习的范例。

格木、蚬木、黄花梨等 20 多个珍贵树种是南宁树木园实施连山管理模式后的典型代表树种。总面积达 4700 多亩，让人目不暇接，同时，这也是国家储备林的项目。南宁树木园此前在桂平市金田林场合作培育 10 万亩林地，紧接着又营造周期 5 年的速丰桉。以培育大径材为目标经营国家储备林作为一个战略转折，是南宁树木园 2016 年作出的重大决策。在专项贷款的支持下，南宁树木园大量收购金田林场原先种植的 4000 多亩松杉成熟林，又在桉树迹地新造松树林 1000 多亩和杉木林 5000 多亩，从而再增 1 万多亩的总面积。由此可见，要培育大径材，国储林项目贷款期限长利息低、贴息和补助高而且贷款充裕，是个比较经济划算的项目贷款。

胸径已有 18.5 厘米的国家储备林仅仅有 3 年树龄，这是三门江林场龙母分场国家储备林营林的实况分析。客商轮番竞价这片高产示范林，使得这片高产示范林成了名副其实的“万元林”，竞价的结果是 452 亩山林拍出 453 万元高价，这是之前想都不敢想的价格。现在，大桂山林场野牛岭林地挺拔着 1000 多亩秀丽的红豆杉，风景在桂粤交界别具一格；派阳山林场建设有土生土长的桐棉，雄立在西南边陲；雅长林场建设的混种的云南细叶松、西南桦和光皮桦，在云贵高原边际各展风姿；钦廉林场建设的罗汉松也在北部湾畔纷纷登场。

（4）保险公司。广西政策性森林保险从 2010 年起，保险范围持续扩大，由单一森林火灾保险扩大到林业有害生物、台风雨雪冰冻等 10 多项内容的综合保险。广西林业在 2013 年成为农口保险覆盖面最大的行业：广西投保林地面积和森林保险覆盖率都得到了极大的提升，与 2010 年的同期水平相比，各项指标再上一个台阶。这说明林地得到了投保的进一步保障。投保人（林农、林业企业、国有林场等）与2010年相比，其数量是原来的约400倍，发展速度非常快。为落实与保险相关的政府财政补贴，中央和自治区财政的投入比2010年增加6.81倍，达3000万元。广西国家储备林基地从2015年起开展商业性保险，并全部纳入政策性森林保险范围。北部湾保险公司等在广西的行政辖区内开展政策性森林保险业务的各保险公司和相关分支机构，承担保险公司的各项承保理赔服务工作（确认被保险人在投保过程中及发生保险事故后遭受损失）；为共同筹建广西森林保险公司，广西保监局与广西林业厅开展政策性森林保险的战略合作。为明确在政策性森林保险、融资业务、担保业务等领域开展合作内容，广西林业厅又与广西金融投资集团有限公司以及中国财险广西分公司签订了战略合作协议。为了给保险公司开展中介代理服务，投资管理公司由广西区直林场在南宁正式成立，在商业性林权抵押森林保险、政策性森林保险和财产综合保险等领域展开经营合作。广西全区政策性森林保险覆盖率在2016年达到70%；2018年广西林业保险服务体系发展比较完善，林业保险品种实现较大发展，90%的政策性森林保险覆盖率指标就充分证明了以上的观点。同时，广西政策性森林保险在2020年实现了全覆盖。

5. 项目的运作分析

（1）政府主导。长期以来，政府大力推动广西成为国家开发银行政策贷款建设国家储备林的第一批试点地区。这一思路在与国家林业局沟通后，得到了国家林业局的大力支持与鼓励。2015年广西如愿以偿，成为首批试点省区。2015年底，广西正式和国家林业局以及国家开发银行签订了合作合同，正式将三方联动的方式推动国家储备林项目在广西落地生根。这个三方合作协议成为广西林业资金贷款最多的项目。广西国家储备林建设的资金有了保障，这是因为国家开发银行贷款采取了创新的融资模式：即“统贷统（自）还、融资担保、契约管理、检查验收、提款报账、按期还款”管理模式。国家林业局则为广西的国家储备林项目提供营造林树种补助，一般树种新造林、现有林改培补助300元/亩，中央基本建设投资补助，珍贵树种新造林、现有林改培补助500元/亩，中央财政贴息3%和中央财政森林抚育补贴100元/亩。

通过与国家开发银行协商，自治区林业局将国有林权抵押流转机制的完善作为重点工作来抓。首先，林场要及时获得信贷资金用于当季营造林生产，这必须通过利用流动贷款释放在押林权等方法来获得；其次，要使得超长期限林业贷款探索担保资源，就必须将林木的所有权、林地使用权、林木使用权产生价值，产生价值的前提是必须让银行认为这三种产权是可以抵押的，从而能为国家储备林的资金筹措提供物质基础。针对以上需求，自治区林业局采取了以下几个步骤：首先，推动国家开发银行允许将经济林、其他用途用地作为国家储备林建设主体用来抵押资产，解决抵押物不足、担保资源有限的问题，这要求国家开发银行实事求是转变抵押要求和标准。其次，自治区林业局加快推进林权证发放工作，并安排专人统计并派专员奔赴相关市县展开该项工作，解决担保资源有限和抵押物不足的问题。最后，为保证部分林地的林权没有重复抵押，自治区林业局下属的林业单位林木林权证明必须经过本级主管部门审核才能向银行申请抵押；其他地市、县区的林业单位的林木林权证明也必须由相应的本级林业主管部门审核，方能够向银行申请抵押。

（2）内外资齐注入。在政府的政策和资金的引导下，广西的国家储备林项目采取“中央补助一点、地方配套一点、自己投入一点、银行借贷一点”的办法，推动社会资本积极投入国家储备林建设。首先，在自治区层面设立项目风险准备金保证国家开发银行贷款本息可以由区直属国有林场偿还。具体举措是自治区直属的国有林场要首先保证国家开发银行的贷款本息，可先从各大林场中的预算经营收入中编制资金以注入。此举意在降低信贷风险，在同级财政预算中安排项目配套资金。其次，自治区人民政府还制定了国有大型林业企业（广西林业集团）作为国家储备林的项目融资平台的措施。该集团一方面承担着各大国有林场向国家开发银行借款的渠道；另一方面，该集团又负责整合来自各大自治区林场的资金，向国家开发银行偿还本息。广西林业集团作为承借平台的作用十分突出：为各大林场服务、降低了各大林场获得国家开发银行资金的交易成本，也降低了国家开发银行发放资金的风险。再次，广西还积极拓宽国家储备林融资渠道：积极筹措欧洲投资银行 3000 万欧元用于项目基础设施建设；获得了全球环境基金近 200 万美元的资助，用于配套设施建设项目。同时，广西国家储备林项目的优质珍稀用材林可持续经营项目也得到了其他渠道资金的支持。

（3）市场运作。广西在国家储备林项目中积极转变思想、大力开拓创新，将来自国家的资金、本级财政的资金、政策性银行的资金与社会资本的资金融合成了一股绳，推动着广西向珍贵树木建设、发展长周期大径材以及高投入、高产出方向转变，同时摒弃过去那种发展短轮伐期速丰林，低投入、低产出为主的发展模式。林业获得了高效可持续发展，促成了脱贫攻坚和优势产业壮大。在创新金融投资体系的基础上，广西在全国首创了“风险准备金＋林权抵押＋林业保险”风险防范机制，整合中央基建、财政造林及森林抚育、地方配套补贴资金，借鉴外资项目参与式设计、财务报账、环保经营理念和制度，通过政府向银行贷款的补贴、财政资金补贴、专项政府资金和有效的森林保险，推动了林业信息化建设、林权流转市场发展、政策性保险实施的多管齐下并获得了积极的效果，从而更能吸引社会资本的进入，加强了对社会资本投资国家储备林的激励效果。

6. 项目的成功经验分析

（1）政府应当承担主要政策风险。在 PPP 项目中，政府身兼“裁判员”和“运动员”的双重身份，既是法律政策支持者、顶层设计者、标准制定者、审核批准者、监督管理者，也是项目的参与方，扮演多种角色，既负责 PPP 项目顶层的制度建设、标准制定、风险把控、绩效评价，也需要参与项目的运作实施，对 PPP 项目的成败有着决定性的作用。在 PPP 项目的实施过程中，不可避免地存在一定的风险，需要在政府和社会资本之间进行合理的分配。通常政府需要承担法律风险、政策风险。

广西壮族自治区人民政府与国家林业局积极作为，承担了主要的政策风险：一是财政贴息。广西积极落实了中央林业贴息政策，即贴息年限为 3～5 年，中央财政贴息 3%，地方相应配套贴息。二是长周期低利率。在国家开发银行与国家林业局的合力支持下，广西的国家储备林一期项目获得了 27 年（含宽限期 8 年）超长期贷款期限及优惠利率的新型林业金融产品。三是抵押政策。以林权抵押为主，其他资产抵押为辅。四是保险政策。基地全部纳入政策性森林保险范围，并探索商业性保险。

（2）项目的长期协议有效地控制了市场风险。国家储备林建设项目的建设期通常为 6 ~ 8 年，其中，包括 3 ~ 5 年的林木营造期、3 ~ 4 年的林木抚育管护期。如工业原料林需要 7 ~ 8 年时间才能逐渐获取收益。在珍贵树种培植方面，一般从种植到成材需要几十年的时间，比如海南黄花梨树木心材的生长周期就是其生长过程。海南黄花梨结心材约 15 年才开始结心材，20 年树龄的树径 17 ~ 20 厘米，心材直径只有 2 ~ 5 厘米，野生海南黄花梨至少要经历 100 年才能成材。而成为制作家具的材料，则需要 300 ~ 500 年才有可能。从以上描述可知，即便是宽限期较长的国家开发银行和农发行的贷款也无法适应国家储备林那么长的生长周期与盈利周期，现有的其他信贷产品更是期限较短、利率较高，这必然导致国家储备林项目面临着无法在项目周期内产生利润还款，并影响资金的筹措乃至有可能导致项目的失败。另外，国家储备林长期的投入状态导致经营主体必然面临巨大的还款、借款压力，仅仅考虑贷款利息就已经让经营主体难以承受了，还需要考虑广西国家储备林项目市场变化、供需平衡以及进出口带来的影响以及国家局势、地缘政治带来的不确定性，因此如何保证合作的长期性是一个关键性问题。

针对国家储备林生长周期长的行业特点，一方面，广西壮族自治区人民政府和市县级林业主管部门、各林场分级行使管理权，实行责任书签订制度，委托自治区林业厅代行管理职责，签订合同，委托承储主体代行储备职责；另一方面，广西壮族自治区人民政府积极探索国家储备林所有权、经营权、收益权实现机制。通过制定《国家储备林责任书》《国家储备林合同》，以合同契约形式确立项目实施单位、投资人、保险公司和林农等之间的权利义务关系，实行“谁承储、谁经营、谁收益”的收益分配制度，相关协议与合同有效期达 30 年。

（3）产权制度的创新。广西拓宽林业信用资产抵押办法。一方面，广西积极推动国家开发银行打造符合广西国家储备林项目特点的低门槛贷款产品；另一方面还积极创造条件投建抵押物和完善制度，从而解决了贷款双方沟通、信任以及制度衔接方面的问题。另外，广西积极探索利用林地使用权（林地资产）、林木生长增量、林木所有权（林木资产）置换信用贷款、第三方担保、融资额度等多种信贷抵押办法。此外，经广西壮族自治区人民政府批准同意，广西林权交易中心于 2016 年设立。在自治区林业厅的业务指导下该平台是广西自治区级唯一一家林业要素流转综合服务平台。大宗林产品交易、林权交易、林业企业产权交易、森林碳汇交易、招商融资、林业科技技术成果转让、林权抵押物处置、林权托管、林业金融服务等服务是该平台的主要业务。以“创造林权新价值，共享绿色中国新红利”为企业使命，广西林权交易中心搭建规范的覆盖全区统一林权流转交易综合服务网络，保障林权当事人的合法权益，指导三级林权交易服务网点（区、市、县）的建设，力争打造成为林业经济发展的“推动中心”、林农利益的“保护中心”、农村干群关系的“融合中心”和农村各类矛盾的“化解中心”。该中心还按照“六统一”建设模式，即“统一信息网络系统、统一平台建设、统一交易规则、统一监督管理、统一信息发布、统一培训机制”，发挥平台公信力优势。通过与广西国控林业投资股份有限公司合作，广西林权交易中心建立了林权流转鉴证服务体验，并接入国家战略储备林贷款项目，克服了制约林权融资的瓶颈，为广大林权业主提供林权收储担保，为国家储备林项目的顺利实施了提供了进一步保障。

（4）创新项目管理机制。广西通过赋权地方与项目单位，充分激发了各个项目实施单位的积极性和创造性，创新设计了 14 个造林模式，内容涵盖了所有营造林，具体体现在：一是贷款项目采用“良地、良种、良法”综合技术措施、“造、补、抚、改”相结合，项目效益和质量得到了提高。二是项目注重“长短结合”。将短周期的用材林和长周期的珍贵树种和大径材按相关配套和比例交错种植和发展，从而破解了目前所需以及未来长远发展这两者的矛盾。三是国家储备林建设要与经济社会发展需求相结合，结合广西绿水青山的名片需要的树种进行营林，特别是要构建混交林，增强森林的多元化和开展树种结构的升级换代。通过与脱贫攻坚相结合，从 2017 年实施的规模更大的国家储备林第二期工程在全区 14 个市 72 个县（区、市）铺开。国家储备林第二期工程以县（市、区）为主战场，其中，贫困县 41 个，占项目县总数 56.9%，占全区贫困县总数 75.9%，覆盖 25 个连片特困县区。贫困户通过林下经济饲养土鸡、通过出租闲置的林地给大户以及向大户提供劳动力等方式，在国家储备林建设的前期和中期得到一定的受益；此后，当项目转入木材采伐期后，再从中得到分成和利益。所以，广西国家储备林第二期工程构建好了利益分层机制。

二、福建国家储备林项目

（一）项目概况

1. 福建林业发展概况

作为我国南方地区重要的生态屏障和全国南方重点集体林区，福建地理优势明显，温度适宜，降水也较多，山多、树木多。但林业在福建之所以能得到快速发展，与该省长期以来重视林业发展密切相关。福建省委和省人民政府多次作出了相关重大战略部署，通过全省积极造林绿化、建设生态文明海岸、打造植被绿地、建设生态走廊、加强景观园林建设、推动林权制度改革、增强生态意识、构建现代林业产业、加强森林旅游和增加农民收入，有力推动了林业改革与发展，为促进福建省经济社会可持续发展作出了应有贡献。在林业发展方面，福建表现出来的特点有以下几个方面：

第一是优越的区位条件。福建省地处亚热带，17℃～21℃的年平均气温，雨量充沛并且气候条件优越。福建的降水量十分充沛，每年约为1500～2100毫米，再加上比较温热的气候，对于林木的种植和营林具有很大自然优势。截至2018年年底，创建国家森林城市7个。此外，福建在大力发展林产业的同时各项森林生态指标位居全国前列，省级森林城市（县城）62个，生态环境、水、空气质量在全国省份排名均为优，是我国林业对台合作交流的前沿平台，区位优势明显。

第二是森林资源丰富。素有“八山一水一分田”美誉的福建省，全省林地占土地总面积76.08%，面积达1.39亿亩。福建省的森林覆盖率也非常高，2015年全省森林覆盖率接近70%，位于全国第一位，全省的森林面积也达到了1.21亿亩；森林蓄积量居全国第七位，共7.29亿立方米。全省的木本植物和脊椎动物均占全国1/3，其中有木本植物1943种、脊椎动物1693种。可见，福建省是我国生物多样性最为丰富的省份。

第三是健全的保护体系。全省现有武夷山世界文化与自然双遗产和泰宁世界自然遗产2处、总面积约184.50万亩。武夷山国家公园作为全国首批国家公园体制试点之一，目前经自然资源部门确权登记总面积942.02平方千米。建立3300多处保护小区，93处自然保护区（市县级56处、国家级17处、省级23处），约1360万亩保护面积；海洋市级特别保护区3处，总面积约51.23万亩。建立风景名胜区54处（国家级19处、省级35处），总面积约354.15万亩；省级以上森林公园157处（国家级30处、省级127处），总面积约264.89万亩；建成地质公园25处（世界级2处、国家级16处、省级7处），总面积约660.90万亩；建立国家海洋公园7处，总面积约35.54万亩；国家湿地公园8个（含试点5个）、总面积约10.89万亩。

第四是林改全国先行。2002年以“明晰产权、放活经营权、落实处置权、确保收益权”为主要内容，福建省委、省人民政府积极大力推动林区制度改革，在全国率先开展了综合配套改革与集体林权制度改革，社会各界和广大林农参与林业建设的积极性得以有效调动。2017年5月，在福建开展集体林权制度改革15周年之际，习近平总书记对福建林改作出重要指示，充分肯定了福建林改成就了绿水青山，富裕了千万林农。2018年1月，习近平总书记又通过中办转达了对福建省武平县捷文村群众的关心和关怀。福建省委、省人民政府坚持不懈地推进和深化集体林权制度改革，始终牢记习近平总书记的嘱托，探索开展了重点生态区位商品林赎买、普惠林业金融服务等一批新的改革试点，通过赎买、置换、租赁、改造提升等多种方式完成赎买等改革面积27.2万亩，建立林权收储机构47家，为林农发放“福林贷”“惠林卡”等16亿元普惠林业金融贷款。

第五是发达的林业产业。2018年福建省的森林资源如下：5784万亩的人造林面积、接近600万立方米的年商品材产量；接近1800万亩的竹林面积（其中毛竹接近1700万亩）、2018年毛竹产量达6.01亿根。主要林产品产量均居全国前列的有：木制家具、花卉苗木、木（竹）材、木质活性炭、人造板等。有重点支持的省级林企达到160家，其中有35家在深圳和香港等地上市。全省林业产业总产值2018年达5924亿元，比上年增加18.4%。作为农民脱贫致富的重要途径之一，重点林区涉林收入已成为当地的一项重要经济来源。

2. 福建国家储备林项目建设情况

福建省多年以来一直是国家储备林建设的排头兵并且扛起了国家储备林建设中的大梁，各项建设指标均位于全国前列。2013～2020 年的 8 年间，依据《全国木材战略储备生产基地建设规划（2013～2020 年）》的精神，福建省国家储备林项目的建设任务覆盖全省的多个地市和县区，国家储备林种植面积也在全国前列（第二位）。全省的多个国有林场也积极参与到了项目建设当中。国家林业局 2012～2016 年共计下达安排中央投资 2.48 亿元用于福建省国家木材战略储备基地建设任务 9.2 万公顷。福建省已经在 2016 年完成了国家林业局 2014 年安排任务的 2/3。完成任务的国家储备林顺利通过验收。国家林业局下达给福建省的此项任务面积位居全国前列。实际划定给福建省 13.34 万公顷国家储备林面积以及接近 2000 万立方米的林木总蓄积量。福建省的林分平均蓄积量非常高，国家林业局下拨给福建省的各项指标也位于全国前列。为检查任务完成情况，国家林业局曾经在全国试点省区做过核检工作，其中包括福建省。依据这次核检，福建省国家储备林综合评分最高，评分值达 95.8 分，划定质量等级为 A 级。在国家林业局、国家发改委相关政策的推动下，福建省还制定了与本省林业实际情况相适应的政策文件以规范国家储备林基地管理。《福建省国家木材战略储备生产基地规划（2011～2020 年）》《福建省国家储备林基地建设项目管理实施细则（试行）》《福建省国家木材战略储备基地建设检查办法（试行）》《福建省国家储备林划定实施细则（试行）》《施工作业设计编写提纲》和国家储备林项目《实施方案编写提纲》等规章均在 2011～2016 年完成，福建省国家储备林基地建设得到了有序开展和保障。

福建省人民政府在 2017 年 7 月在北京与国家开发银行以及国家林业局达成了《共同推进深化福建省集体林权制度改革合作协议》。该协议规定，将在福建省南平市展开福建省的国家储备林建设精品项目，该项目是在南平生态实验建设区的背景下展开的，而各方如何对接展开国家储备林项目建设是这项协议商讨建设的重点。南平市计划建设运营周期在 30 年以上、总投资高达 215 亿元的高品质国家储备林基地 31.27 万公顷，建设地点为在其下辖的 18 个国有林场和 10 个县（市、区）。为解决融资问题，南平市人民政府主要向国家开发银行申请中长期优惠贷款，主要原因是项目建设周期长、投资规模较大、商业性金融不愿进入。但现实障碍是《关于坚决制止地方以政府购买服务名义违法违规融资的通知》（财预〔2017〕87号）的相关规定，该文件于2017年5月28日由财政部出台，文件规定严禁将储备土地前期开发农田水利等建设工程，以及地铁、水路、高铁、高速路、高等教育、电网、水网、天然气、医院、基础科学、文化产业、球类运动等此类基础设施项目作为公私合作的内容展开购买服务。相关的建设和工程以及外围的项目也属于禁止范围内。如此，地方政府的举债行为被进一步约束，以避免造成财政风险。可见，国家储备林项目建设要利用国家开发银行贷款遇到了障碍，过去采取政府购买服务模式，实现构建信用结构、政府增信的方式被进一步压缩。南平市积极寻求解决方案，摆脱资金困境以及管理难题，经过多次探讨，决定通过政府补贴以及“建设+运营+移交”方式构建项目建设模式。PPP项目公司由各区县的国有林场等与当地政府授权的国有融资平台共同组建，国家开发银行提供长周期优惠贷款帮助项目公司，多方位、多渠道引进项目资金来源。

（二）福建南平国家储备林林权质量和公私合作分析

1. 林权质量分析

福建省木材加工业产值2015年的工业产值（根据《中国林业统计年鉴》的统计数据）为1205.18亿元，与2001年相比增长了22倍。2009年以来，依据近15年的发展趋势看，福建省木材加工业从迅速发展转为迅猛发展趋势。在生态文明背景下，木材加工业成为福建省国民生产总值新的增长点，福建省木材加工业正健康、快速和持续地发展。其中人造板稳居第一并一直是福建木材加工业的主要产业，2015年呈现平稳下滑现象，增长率低于木制品业。木制品业发展2015年开始超过人造板制造业，说明木制品业的竞争力逐步提升，其附加值、生产效率也在不断增加。锯材木片加工业、竹藤棕草制品行业稳步上升，但锯材木片加工业增长放缓。

从2018年消费结构看，福建省消耗比重将逐步下降的产品有：原木、卫生筷子、木地板。消耗比重将逐年上升的产品有：造纸、农民自用材。保持不变的产品有：薪材、人造板、二次加工材。造纸、木地板、农民自用材和卫生筷子的比重相对最大。可见，福建省优化木材消耗结构的突破口在于卫生筷子的消耗量。为使企业在转型后获得更高的经济效益，可以通过实现绿色证书制度、适当引导相关企业转型以及提高相关企业的准入门槛来实现。依靠科技创新、减少资源消耗和污染排放、提高产品的科技附加值，可力争将福建省造纸行业打造成为福建省木材消耗结构中的支柱行业。在人们生活水平提高、家庭装修水平也不断提高的背景下，木地板的消耗量和利润水平也维持在较高水平之上。木地板的消耗量在未来将会不断上升。所以，应当将林业企业的经营目标纳入林木资源培育中考虑，既增加林业企业的经济效益又满足未来市场需求。可以看到，福建的工业林林权和多样化用材林林权质量较高、竞争性强，应采用市场方式分配林权。

2. 福建国家储备林项目的公私合作模式

福建国家储备林项目的准公共性质可以采取经济合理、交易成本低和优化资源配置的方式来建设。第一类、第二类和第三类国家储备林项目，社会资本参与相关项目投资能获得预期的经济收益率，这类国家储备林基本接近于私人物品，可用市场方式实现国家储备林的开发。即可采取 BOT 的形式，由社会资本方逐渐增加其投资、建设和经营的风险，政府通过安排项目的排他性特许经营权、从项目投资的主体逐渐转为给予项目一定数量的从属性贷款或提供适当的信用担保为项目提供支持，也可考虑采取完全由政府购买服务的形式。

3. 福建国家储备林项目组织结构分析（南平）

项目融资后就必须投资进行建设，这包括栽培树木、购买苗木、改培现有树种并且种植苗木、对国家储备林进行管理和养护，包括树木的管护等均属于福建南平国家储备林项目合作范围，将“BOT + 可行性缺口补助”模式引入项目，为激励社会资本方加入项目，以“项目盈利 + 政府项目补贴”的方式进行。

南平市林业局在南平市人民政府授权下，负责前期工作的合同谈判、准备、采购相关工作。通过公开招标，南平市林业局确定社会投资方中标单位即南平绿发集团有限公司，由该公司联合其他单位和企业组成联合体共同提供国家储备林建设项目的供给。该项目公司提供公共物品及配套公共服务，并负责项目融资、投资、建设基础设施、配套项目、种植苗木等，其他的管护、营林技术的引入以及投入化肥等在其后陆续安排。南平国家储备林项目实施时间较长，约40年，按照协议规定，40年之后社会资本方将项目整体移交给各个县区的人民政府，但是必须明确，其中的8年时间是运营期，而30年时间为建设期。南平国家储备林项目针对融资平台搭建受限、项目建设地分散的问题，"市带县"PPP统贷合同体系在南平国家储备林项目中诞生。为统筹协调各个县并提高项目进展速度，指定南平市林业局作为各方协调关系、管理合作的平台，如《PPP项目合同》就通过南平市林业局进行签订。通过这种方式还提高了可操作性并将责任落实到县和具体建设单位。具体运作模式如图7－2所示。

4. 项目融资结构

南平国家储备林PPP项目的投资主要通过债务融资和股权融资获得。根据项目投资估算，项目总投资合计达215.33亿元（其中铺底流动资金1.12亿元，建设投资182.98亿元，建设期利息31.23亿元）。在南平国家储备林项目的股权融资方面，由社会资本负责筹措的项目资本金达45.33亿元。依据国家对林业政策贷款的优惠政策规定，林业政策贷款贴息补助将由中央财政提供，此外项目资本金也可采用中央预算内投资。南平国家储备林项目中，占总投资7.41%的资金15.97亿元通过项目建设单位自筹；占总投资的7.42%的15.98亿元由中央财政造林及森林抚育补助资金支付。中央财政林业专项贴息补贴占总投资的6.22%，达13.38亿元，其中贴息率为3%，贴息补贴期限为8年。在南平国家储备林项目债务融资方面，占投资总额的78.95%的170亿元贷款通过政策性贷款而获得，国家开发银行提供该项贷款，期限共达33年。社会资本自行负责在资金筹措过程中所需融资担保所有费用，社会资本还将承担资本金外的建设资金未及时到位的风险。

5. 收益回报机制

"使用者付费＋可行性缺口补助"是南平国家储备林项目作为准经营性项目的回报机制。

首先是可行性缺口补助。在协议中规定了如果收入无法与投资相抵扣，并且没有现金流量收入的部分，可行性缺口补助由各个县（市、区）政府通过补贴方式给予项目公司。南平绿发集团有限公司及其所属单位向当地政府出示国家储备林的中标书，以此作为申请补贴的标准，并由当地县（市、区）林业局统筹协调安排。各级林业主管部门将组织小组进行审查核验，通过讨论审查核验后，提交给当地林业部门，再由林业局按照县（市、区）财政局要求的程序申请可行性缺口补助。最后，项目公司申请的可行性缺口补助再由本地林业局支付。可行性缺口补助每 12 个月支付一次，有效期为从项目进入运营期（竣工验收合格之日起）的 30 年间。假设未来国家储备林的商业收入达到了项目运营的目标或者足够运营整个项目，项目公司直接返还该部分收入给所属县（市、区）政府。

其次是使用者付费。南平绿发集团有限公司及其所属单位通过销售林木以及相关的林木产品获得相关项目收入。项目收入由以下几个方面组成：(1) 通过林下养殖、林下种植、森林旅游和林下采集等林下经济项目，公司从中获取的收益。(2) 项目公司大力种植林木，增加了大量的林木面积和林木数量，因此获得的碳汇收入。(3) 通过在市场上销售种植的各类林木，特别是大径木材和珍贵树种的销售，使得项目公司得到相关的收入，这些也是南平绿发集团有限公司及其所属单位的主要收入。

6. **风险分担机制**

由于直接关系到整个项目的成败，风险分担在 PPP 项目中扮演着重要的角色。这是因为：第一，PPP 项目不确定因素多；第二，参与方相互关系复杂；第三，项目经营建设周期长。为建立国家储备林项目“风险共担”的风险分担机制，南平国家储备林将合理分配储备林建设过程中的宏观、中观、微观层次的风险并充分发挥 PPP 模式公私合作的优势。图 7－2 反映了南平国家储备林项目运作模式。

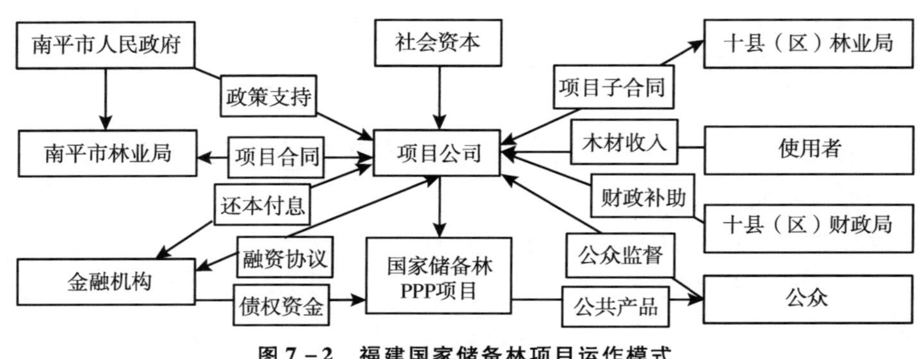

图 7－2 福建国家储备林项目运作模式

（三）项目的成功经验分析

为解决项目建设主体多且分散难以承接贷款的困难，南平国家储备林项目采取了以下解决办法：第一，采取 PPP 权益质押方式构建了信用结构；第二，构建公私合作公司并且搭建项目融资平台；第三，通过地级市带动县的融资。南平国家储备林 PPP 项目的成功原因有以下几点。

1. 信贷资金对接难以构建“市带县”合同体系得到解决

南平国家储备林项目的建设主体多且分散，用款人实力弱。这些主体由 18 个南平市省属国有林场构成，且分布在 10 个县（市、区）。南平市创建“市带县”PPP 统贷合同体系以对接国家开发银行贷款。作为融资平台，南平绿发集团有限公司及其所属单位在承接政策性贷款后，再通过内部分配给各个地区的分支机构展开国家储备林建设。在传统信贷平台难以搭建的情况下，南平国家储备林项目利用“市带县”合同体系和公私合作的特征，通过平台将国家储备林项目资金问题解决。

2. 政府财政补助项目现金流不足问题

南平国家储备林项目主要种植大径木材和珍贵树种。这些树种从生长到成材最短要 26 年，最长要 41 年，在成材期间缺乏稳定的现金流，稳定的还款现金流因此难以短期内形成。要满足国家开发银行的贷款条件，就必须解决前期还款现金流不足的问题。为此，南平国家储备林项目通过采取可行性缺口补助的方式解决了现金流不足问题。

3. 信用结构难搭建问题通过 PPP 权益质押得到解决

一方面，“探索利用特许经营项目预期收益质押贷款，支持利用相关收益作为还款来源”是《基础设施和公共事业特许经营管理办法》明确提出的实践方向；另一方面，特许经营权的收益权可作为应收账款予以质押（来源于我国最高人民法院指导案例 53 号的判决结果）。这充分说明了 BOT 等模式收益权质押担保在 PPP 项目中的可行性。采用政府购买服务方式搭建信用结构，由中央大力度控制地方政府债务风险而受到约束。国家开发银行贷款之所以在南平国家储备林公私合作项目得以顺利发放，完全得益于南平国家储备林项目的抵押物创新改革，解决了项目信用结构难搭建的问题。

4. 回报机制的合理清晰

作为国家储备林 PPP 项目合作的核心基础，必须清晰明确指出如何给社会资本方予以回报。从全国的情况看，特别是从福建南平的项目情况看，社会资本最为关注盈利能力。要缓解储备林项目融资困境、推动社会资金以及其他资金流入项目之中，就必须保障社会资本回报机制的清晰完善。南平国家储备林项目中的社会资本期望的收益水平难以仅仅通过碳汇、林下经济创造的收益和木材销售得到满足。南平国家储备林项目为吸引社会投资者参与国家储备林项目、使项目达到合理的投资回报水平，“使用者付费可行性缺口补助”的收益回报机制被引入南平国家储备林项目中。社会资本方在项目中的收益因此得以调节，这主要体现在两个方面：一是让投资者获得利益回报；二是可行性缺口补助的弹性。这种收益机制既避免了社会资本方利用可行性缺口补助而获取暴利，又能吸引社会资本的投资，落实了“盈利而非暴利”的收益原则并将利润区间控制在合理的范围内。

5. 社会资本方的专业化

进行公私合作的社会资本方，必须是领域内的专业公司。从项目融资、项目管理、项目建设和项目的后期运营方面看，项目的绩效与社会资本方的能力、素质密切相关，绩效和社会资本方的选择密切相关。对经营方的技术要求是：必须符合林业工程建设项目具有的独特的专业性，比如专业化管理团队和技术力量和丰富森林资源经营经验。珍稀树种和大径级材作为项目的核心和关键利益点，社会资本方的选择就尤其重要，特别是其专业技术能力要求更高。同时，这些珍稀树种的生长条件较普通树种要求更高。专业化营林与管理能力、较大的经济体量和较强的抗风险能力是对国家储备林经营管理主体更高的要求。所以，恰恰缺少既有森林资源运营经验的、专业化的、又能满足目前条件的、具备经济实力专业大公司参与项目建设。为了获得具有实力的公司承建国家储备林项目，加快项目的落地，南平市力推该市国有独资企业南平绿发集团有限公司进行投标，该公司同时还联合了其他的企业和林场，作为联合体对国家储备林项目进行全程参与。正由于国有企业的参与，原来如何选择社会资本方的难题就迎刃解决了。按照《政府和社会资本合作模式操作指南（试行）》（财金〔2014〕113 号）的定义，社会资本方必须是构建了现代企业制度的企业法人（国内或国外），而且不得包括本级政府下属企业；此外，依据《PPP 项目合同指南（试行）》（财金〔2014〕156 号）精神，在同一级政府下的国有融资平台和其他国家控股的企业也不得参与公私合作项目当中，当然，上市公司除外。所以，在缺少社会资本方情况下南平市国有独资公司作为该 PPP 项目的社会资本方是个权宜之计。国家储备林 PPP 项目未来应积极培育和吸引具备实力的专业化的社会资本方投入国家储备林 PPP 项目实施过程中。

6. 融资安排的切实可行

国家储备林 PPP 项目成功的关键条件还在于切实可行的融资方案。长期稳定的资金来源对于国家储备林 PPP 项目的成功也非常重要。这是因为该项目资金循环周期长而且建设周期长，利用商业性信贷资金建设国家储备林项目不现实，因为商业性信贷资金建设国家储备林项目存在信贷资金短期化倾向、期限错配问题。项目承储主体难以承担商业贷款的融资成本。要保证项目成功实施，必须获得农业发展银行和国家开发银行的低利率、长周期贷款，但这必须以利用财政资金作为杠杆为前提。国家林业局、国家发改委、中国农业发展银行、国家开发银行联合在 2017 年共同下发《关于进一步利用开发性和政策性金融推进林业生态建设的通知》（发改农经〔2017〕140 号），要求利用开发性和政策性金融贷款将国家储备林基地建设作为林业主要支持领域。贷款实行最低资本金比例与基准利率，宽限期最长 8 年，但是贷款期限最长 30 年，并且要根据各地需求与实际情况提供低成本、长周期的资金支持。南平国家储备林公私合作项目的开展原因多种多样，但是关键来自两点：一是中央财政拨款支持；二是政策性银行的资金资助。项目公司在南平国家储备林项目融资总投资中只占 7.41%。开发性信贷投资和财政投入占投资的 90% 以上；占总投资比重高达 78.95% 的资金来自国家开发银行贷款。所以，要充分将政策性银行资金的支持、国家的财政支持、社会资本方的资金支持以及地方政府的开拓创新拧成一股绳，方能减轻项目的压力，推动项目的顺利进展。

7. 充足的地方政府财力

国家储备林 PPP 项目的成功还与地方政府的财政实力因素密切相关。南平市在 1978 年、1995 年、2013 年以及 2018 年的财政总收入分别是 1.31 亿元、11.2 亿元、106.67 亿元 144.14 亿元。可见，南平市财政收入在几十年间实现了跨越式增长。2018 年全市财政总收入比 1949 年增长了 1494 倍，年均增速达 11%，实现了日财政收入 3949 万元的目标。这 40 多年南平市财政收入大幅增长、地方财政有了大量资金支持。据统计，40 多年里南平市财政收入增长幅度远超福建省其他同类城市，增长速度不但高于其他城市而且比改革开放前的财政增长幅度也高出约 4 个百分点。若没有南平市增长快速的财政收入，国家储备林的落地生根的成功几率几乎为零。地方财政的实力对国家储备林项目这样的资金需求量大、项目时间周期长的项目至关重要。要实现国家储备林可持续发展，地方财政的实力是一个重要的基础，特别是项目前期，还不能指望该项目能带来现金流，因此搞国家储备林公私合作项目就必须考虑地方财政实力和水平。国家储备林项目建设的顺利推行需要政府有充足的财力来保证。要不然，社会资本进入的积极性会因为财政补贴不足而受挫，国家储备林项目的融资也会因此受到制约。

参考文献

[1] 陈德洋："浅谈雅长林场国家储备林可持续发展策略"，《科技风》，2014年第4期。

[2] 陈定洋："公平与效率：中国农地产权制度变迁中的博弈"，《中共云南省委党校学报》，2005年第5期。

[3] 陈杰："深化国有林场改革与发展的思考"，《中国林业经济》，2013年第1期。

[4] 陈幸良：《中国森林供给问题研究》，科学出版社2014年版。

[5] 成升魁："资源科学研究的新视角——自然资源流动过程与效应研究"，《资源科学》，2006年第2期。

[6] 邓红兵："我国未来森林资源需求特点与林业发展对策分析"，《经济问题探索》，2006年第4期。

[7] 丁华，董风："中国国家地质公园相关利益主体研究"，《干旱区资源与环境》，2012年第6期。

[8] 樊宝敏，张钧成："中国林业政策思想的历史渊源——论先秦诸子学说中的林业思想"，《世界林业研究》，2002年第2期。

[9] 高二波："低碳经济视角下的伊春林业产业内部协同发展研究"，《东北林业大学》，2012年。

[10] 耿国彪："扎实推进国有林业改革实现保生态保民生目标一访国家林业局局长赵树丛"，《绿色中国》，2015年第8期。

[11] 郭艳芹，孔祥智："集体林产权制度改革与林业加工业的发展"，《企业经济》，2006年第5期。

[12] 胡卫东，吴大华："黔东南台江县苗族林权习惯法研究——以阳芳

寨为例”，《广西民族大学学报（哲学社会科学版）》，2011 年第 1 期。

[13] 黄安胜，张春霞，苏时鹏等：“试析私有林林农对补贴政策的偏好”，《中国林业经济》，2008 年第 4 期。

[14] 焦玉海：“带领带动金融资本投入国家储备林建设”，《中国绿色时报》，2015-12-18.

[15] 金华宝，靳乐山：“参与与冲突：森林经营行为研究的社会学视角”，《探索》，2011 年第 6 期。

[16] 孔祥智，郭艳芹，李圣军：“集体林权制度改革对村级经济影响的实证研究：福建省永安 15 村调查报告”，《林业经济》，2006 年第 10 期。

[17] 李江鹏：“云南国家储备林划定存在的问题与对策分析”，《林业调查规划》，2015 年第 6 期。

[18] 李晶：“国有林权制度改革的主体冲突及其化解”，《改革》，2010 年第 10 期。

[19] 李凌超，刘金龙，许亮亮．森林转型：一个文献综述 [J]．林业经济，2012 (10)：98-103.

[20] 刘璨，吕金芝：“集体林产权制度分析”，《林业经济》，2007 年第 2 期。

[21] 刘金龙：“发展人类学视角中的传统知识及其对发展实践的启示”，《中国农业大学学报（社会科学版）》，2007 年第 2 期。

[22] 刘珉：“集体林权制度改革：农户种植意愿研究”，《管理世界》，2010 年第 5 期。

[23] 刘艳，高兴民：“农地制度中的公平与效率研究”，《财经问题研究》，2005 年第 12 期。

[24] 龙春林：“民族地区自然资源的传统管理”，中国环境科学出版社 2009 年版。

[25] 龙植豪：“基于 Smart Client 的林权信息管理协同系统研究”，《中南林业科技大学》，2010 年。

[26] 陆刚，周真刚：“略论彝族的森林保护意识”，《贵州民族研究》，2017 年第 7 期。

[27] 罗康隆：“地方性知识与生存安全——以贵州麻山苗族治理石漠化

灾变为例”，《西南民族大学学报（人文社会科学版）》，2011 年第 7 期。

[28] 马爱国：“论多主体林业政策过程的构建”，《理论纵横》，2003 年第 2 期。

[29] 裘菊，孙妍，徐晋涛等：“林权改革对林地经营模式影响分析”，《林业经济》，2007 年第 1 期。

[30] 万志芳：“国有林林权改革后相关主体及其利益变化分析”，《商业经济》，2009 年第 5 期。

[31] 王波，张春霞，戴永务：“中国家具产业国际竞争力研究”，《中国农学通报》，2008 年第 9 期。

[32] 王小军，谢屹，温亚利：“集体林权制度改革中的农户森林经营行为与影响因素：以福建省邵武市和尤溪县为例”，《林业科学》，2013 年第6 期。

[33] 王小军，谢屹：“美国私有林经营的激励机制回顾与思考”，《北京林业大学学报》（社会科学版），2012 年第 3 期。

[34] 王新清：“集体林权制度改革绩效与配套改革问题”，《林业经济》，2006 年第 6 期。

[35] 王兆君：“林业生态体系和林业产业体系协同运行的思考”，《林业经济》，2001 年第 1 期。

[36] 文擒虎：“四川家具产业出口发展战略”，《西南财经大学》，2009 年。

[37] 吴闻钧：“基于国有林权改革森林经营主体及其行为研究”，《东北林业大学》，2010 年。

[38] 徐晋涛，孙妍，姜雪梅等：“中国集体林区林权制度改革模式和绩效分析”，《林业经济》，2008 年第 9 期。

[39] 徐晓光：“黔东南侗族传统林业生计及其习惯法规范”，《原生态民族文学刊》，2010 年第 2 期。

[40] 杨加猛，张智光：“基于供需协同视角的林业产业链延伸与拓展”，《商业研究》，2010 年第 2 期。

[41] 姚瑶，赵富伟，谢镇国：“黔东南苗族对杉木林的传统经营、利用和保研究”，《云南农业大学学报（自然科学）》，2014 年第 5 期。

[42] 余新晓：“中国森林生态系统服务功能价值评估”，《生态学报》，2013 年第 8 期。

[43] 曾玉林："中国林业社会化发展的制度要素分析"，《林业经济》，2007 年第 2 期。

[44] 张蕾，文彩云："集体林权制度改革对农户生计的影响：基于江西、福建、辽宁和云南 4 省的实证研究"，《林业科学》，2009 年第 7 期。

[45] 甄学宁："社区林业的基点：需求、冲突和冲突的协调"，《林业经济》，2007 年第 5 期。

[46] 周伯煌，宣裕方，张慧："非公有制林业发展的制度障碍及其对策"，《林业科学》，2006 年第 11 期。

[47] 周榆："国家储备林划定与经营管理探讨"，《南方林业科学》，2015 年第 1 期。

[48] 庄立："论中国自然资源的稀缺性和渗透性"，《地理研究》，2011 年第 8 期。

[49] Bryson V, Lanzillotti G, Myerberg J, et al. The furniture Industry (Case goods): The Future of the Industry United States versus China. 2003.

[50] CULAS R. J. REDD and forest transition: tunneling through the environmental kuznets curve [J]. *Ecological Economics*, 2012 (79): 44 - 51.

[51] Felderer R. Why Growth Rates Differ [J]. Southern Economic Journal, 1969, 35 (3): 281.

[52] Hammig B M. Institutions and the Environmental Kuznets Curve for Deforestation: A Crosscountry Analysis for Latin America, Africa and Asia [J]. World Development, 2001, 29 (6): 995 - 1010.

[53] HUGHES K. Exports and technology [M]. Cambridge University Press, London, 1986: 11.

[54] KAUPPI P E, AUSUBEL J H, FANG J Y, et al. Returning forests analyzed with the forest identity [J]. *Proceedings of the National Academy of Sciences*, 2006, 103 (46): 17574 - 17579.

[55] KOOP G, TOLE L. Is There an nvironmental kuznets curve for deforestation? [J]. *Journal of Development Economics*, 1999, 58 (1): 231 - 244.

[56] Leopold A C. Living with the land ethic [J]. *Bioscience*, 2004, 54 (2): 149 - 154.

[57] Leslie A. Estimating the current and future demand for forest products and services [J]. *Tropical Forest Update*, 2005, 1: 14 - 16.

[58] Mather A S, Needle C L. The forest transition: a theoretical basis [J]. Area, 1998, 30 (2): 117 - 124.

[59] Mather A S. Recent Asian forest transitions in relation to foresttransition theory [J]. International Forestry Review, 2007.

[60] Mather A S. The forest transition [J]. Area, 1992 (24): 367 - 379.

[61] Nile J. The value of careful carbon accounting in wood products [J]. *Climatic Change*, 2001, 49 (4): 371 - 376.

[62] Richards, K R. A review of forest carbon sequestration cost studes: a dozen years of research [J]. *Climate Change*, 2004, 63 (1): 1 - 48.

[63] Teixeira A, Fortuna N. Human capital, R&D, trade, and long-run productivity. Testing the technological absorption hypothesis for the Portuguese economy, 1960 - 2001 [J]. Research Policy, 2006, 39 (3): 335 - 350.

[64] XIAO H, YALI W, SHASHI K. He global competitiveness of the Chinese wooden furniture industry [J]. *Forest Policy and Economics*, 2009, 11 (8): 561 - 569.